奖励旅游购买中心社会网络、决策过程和绩效研究

陈鹭洁 著

山东画报出版社

济南

图书在版编目（CIP）数据

奖励旅游购买中心社会网络、决策过程和绩效研
究/陈鹭洁著. -- 济南：山东画报出版社，2024.1
ISBN 978-7-5474-4834-2

Ⅰ.①奖… Ⅱ.①陈… Ⅲ.①旅游市场 – 研究 Ⅳ.
①F590.8

中国国家版本馆CIP数据核字（2023）第256670号

JIANGLI LÜYOU GOUMAI ZHONGXIN SHEHUI WANGLUO、JUECE GUOCHENG HE JIXIAO YANJIU

奖励旅游购买中心社会网络、决策过程和绩效研究

陈鹭洁 著

责任编辑	郑丽慧 张飒特
装帧设计	蓝 博
内文插图	陈宏伟

主管单位	山东出版传媒股份有限公司
出版发行	山东画报出版社
社 址	济南市市中区舜耕路517号 邮编 250003
电 话	总编室（0531）82098472
	市场部（0531）82098479
网 址	http://www.hbcbs.com.cn
电子信箱	hbcb@sdpress.com.cn
印 刷	武汉鑫佳捷印务有限公司
规 格	185毫米×260毫米 16开
	7.75印张 150千字
版 次	2024年1月第1版
印 次	2024年1月第1次印刷
书 号	ISBN 978-7-5474-4834-2
定 价	72.00元

前　言

　　奖励旅游作为一种现代化的企业管理工具，其主要作用是鼓励、刺激和激励组织中的个人提升绩效水平，进而实现组织的财务目标。20世纪30年代以来，奖励旅游在欧美地区起步并迅速发展。20世纪90年代开始，受到欧美地区奖励旅游理念的影响，国内企业特别是外资、合资或者民营企业也开始采用奖励旅游，形成了一定的奖励旅游客流。虽然国内企业在使用奖励旅游的过程中受到了欧美发达国家的影响，但其发展和欧美发达国家存在差异。首先，国内企业除了希望奖励旅游具有激励效用之外，还希望能起到舒缓工作压力、凝聚员工向心力及强化企业文化等更多效用。其次，奖励旅游不只是对业绩的奖励，也是一种福利或活动。随着企业对奖励旅游的要求越来越高、期待越来越多，企业对奖励旅游的购买决策也就越来越重视。

　　现有的奖励旅游研究主要集中在奖励旅游激励效果和奖励旅游产品供给方面，缺乏对奖励旅游需求方面尤其是奖励旅游购买决策的研究。本研究从组织购买行为理论和团队社会网络视角出发，旨在探讨奖励旅游购买中心的决策机制及其影响机理，主要围绕以下三个问题展开：第一，奖励旅游购买中心是如何进行决策的？第二，购买中心的网络特征如何？第三，购买中心的社会网络、决策过程和绩效之间的关系是怎样的？

　　本研究采用质性和定量的混合研究设计。首先使用质性研究方法，拟定访谈提纲，对15个企业的奖励旅游购买中心成员进行一对一的深度访谈，然后基于扎根理论，采用NVivo12软件对访谈稿逐字进行编码分析，构建了奖励旅游购买中心决策行为机制模型。最后，依据模型呈现的关系，使用定量研究方法中的社会网络分析、方差分析、回归分析等方法，对购买中心的社会网络特征及其与决策过程和绩效之间的关系进行检验。

　　研究结论表明：第一，奖励旅游购买决策机制模型包含了组织因素、购买中心、决策过程和绩效的多维因素及其关系。第二，不同企业的奖励旅游购买中心各不相同，但购买中心都呈现出互动频率很高、群体决策显著的特征；第三，奖励旅游购买中心的社会网络对决策过程及绩效具有一定的影响作用。

理论意义上，本研究构建了奖励旅游购买中心决策行为机制模型，系统解析奖励旅游购买中心的决策行为，在一定程度丰富了奖励旅游、组织购买行为和团队社会网络的研究。在实践层面，本研究对奖励旅游服务提供商的营销以及企业提高奖励旅游绩效都具有一定的现实指导意义。

目　录

第一章 导论

第一节 研究背景

一、奖励旅游的运用

国际奖励旅游精英协会（Society for Incentive Travel Excellence，以下简称 SITE）将奖励旅游定义为"一种现代化的企业管理工具，目的在于协助企业达到特定的组织目标，并对于达到该目标的员工给予一个非比寻常的旅游假期作为奖励"（罗松涛，2007）。简单来说，奖励旅游就是企业为奖励员工的出色表现而为其支付的假期。（see Society of Incentive Travel Excellence）

奖励旅游作为一种现代化的企业管理工具，其主要的作用是鼓励、刺激和激励组织中的个人提升绩效水平，进而实现组织的财务目标。奖励旅游自 20 世纪 30 年代开始被欧美地区的企业使用，其在激励组织中的个人提升绩效水平的作用上是有目共睹的。Hastings、Kiely 和 Watkins（1988）对加拿大的一家保险公司的员工进行调查后发现，旅游是受欢迎的奖励，是比家庭用品、商业用品、零售券和证书都更有激励效用的奖励。并且调查还发现，奖励旅游被受访者感知为激励的内在因素，具有"奖杯价值"，也就是说更具有激励的持久性。Shinew 和 Backman（1995）则对比了个人度假旅游、销售会议、现金和商品对员工激励的吸引力。结果显示，个人度假旅游和销售会议比现金或商品获得更高的评分，表明了它们被员工视为理想的激励选择。伴随着旅行成为当前劳动力的首要激励因素，越来越多的企业购买奖励旅游。根据美国奖励研究基金会（Incentive Research Foundation，IRF）的最新数据，84% 的美国公司现在使用非现金奖励来吸引员工，其中 45% 是奖励旅游（Incentive Travel，2016）。与此同时，高达 65% 的奖励旅游计划提高了预算（Van Dyke，2016）。

在中国，奖励旅游的发端可追溯到 20 世纪五六十年代产生于政府及国有大中型企业兴办的疗养院中所进行的休假疗养活动，参加人员绝大多数来自政府机关和国有大中型企业，费用由政府和企业承担，作为单位的一种福利形式而存在。20世纪 90 年代初，亚洲经济快速发展，周边城市曼谷、新加坡及中国香港地区陆续成为欧美新兴的奖励旅游目的地，同时随着中国改革开放推进及大量外资企业的涌入，欧美盛行的奖励旅游理念开始在中国传播，使用范围才逐步由政府机关向企业扩展。自 1993 年我国国家旅游局（现为中华人民共和国文化和旅游部）国际会议司成立后，奖励旅游概念便开始出现于媒体报道中并受到部分企业的重视（高静，2004）。

近年来，随着欧美奖励旅游理念的不断传播，中国企业特别是外资企业、合资企业、民营企业的奖励旅游进程加快，形成了众多的奖励旅游客源市场。从实施奖励旅游的行业或部门分布来看，中国奖励旅游的客源市场主要集中在 IT 行业、学校及研究所，电信与通信部门，房地产和建筑行业，医疗机构与医药生产销售部门，家用电器制造部门，汽车销售，金融和食品，以及直销、零售、酒店与奢侈品行业等（赵艳丰，2020）。

虽然中国企业在使用奖励旅游的过程中受到了欧美发达国家的影响，但是中国奖励旅游的发展还是和欧美发达国家存在差异，具有一定的特殊性。首先，区别于欧美发达国家奖励旅游的激励工具，中国奖励旅游更是作为一种管理手段，具有以下的作用：第一，凝聚员工的向心力；第二，强化公司的企业文化；第三，持续管理员工提升工作绩效；第四，激励员工协助企业达到业绩目标，提高市场占有率；第五，促进员工、厂商的感情交流；第六，纾解紧张的工作压力；第七，加强对公司的认同感与向心力；第八，加强经销商的忠诚度。（张文敏，2005）

其次，中国奖励旅游存在不同的类型。李晓莉、刘松萍（2013）根据企业购买奖励旅游的目的，通过实证研究，总结了中国奖励旅游的三种类型，即基于业绩型的奖励旅游，基于奖励性质的商务差旅和基于福利性质的奖励旅游，并对三种类型的奖励旅游特征进行对比。（表 1.1）

表 1.1　三种类型奖励旅游特征比较

	类型	基于业绩型的奖励旅游	基于奖励性质的商务差旅	基于福利性质的奖励旅游
制度化程度	组织部门	销售部、市场部、工会	行政、培训	工会
	使用对象	严格考核选拔	随机	全员
	预算性质	成本开支：员工收入	成本开支：行政、培训	成本开支：工会费
	使用频率	中	高	低
需求定制化	策划参与度	高	中	低
	报价方式	拆分	一揽子	一揽子
	个性化要求	高	中	低
	活动类型	以旅游为主	会议、培训结合	主题教育
	动机	激励工具	奖励＋福利	福利

	类型	基于业绩型的奖励旅游	基于奖励性质的商务差旅	基于福利性质的奖励旅游
对效果关注度	宣传	强调对外示范	不宣传	强调对内
	效果关注	业绩提升、企业文化	活动组织效果	员工认可、组织效果
	评价标准	可量化	随机	随机

资料来源：李晓莉、刘松萍（2013）

最后，随着对奖励旅游认知的不断加深以及奖励旅游类型的多样化，中国企业对奖励旅游的要求会越来越高。例如奖励旅游的项目内容更丰富，体验感更强，作用更多更有效，与此同时，成本能够得到有效控制（奖励旅游产业报告，Incentive Travel Industry Index，2018）。鉴于此，企业对奖励旅游的购买决策也会越来越重视。

纵观国内外对奖励旅游的研究，主要围绕以下三个方面进行：第一，奖励旅游激励效用的研究（Hastings et al.，1988；Mair，2015；Rogers，2013；Shinew，Backman，1995；董媛，2006；张文敏，2005）。第二，奖励旅游供给研究（Ricci，Holland，1992；耿松涛，张凤鸣，2015；郭鲁芳，何玲，2007；罗涛，2011；王春才，2015；伍琴琴，刘连银，2009；佐明，付业勤，2010）。第三，奖励旅游需求研究（Fenich，Vitiello，Lancaster，Hashimoto，2015；Sheldon，1995；蔡梅良，张玲霞，2012；郭宇，邹亮，2016；李晓莉，保继刚，2015）。由于奖励旅游一直被视为一种企业激励员工的重要工具，因此，对奖励旅游激励效果及其激励原因的研究占有较大的比例。与此同时，伴随着奖励旅游的经济效益的突出，研究奖励旅游产品的供给也在一定程度上受到研究者的青睐。近年来，随着营销视角由供给转向需求，对奖励旅游需求的研究开始逐渐增加。奖励旅游的需求包括奖励旅游者的需求和奖励旅游购买企业的需求。目前，研究较多关注的是奖励旅游者的需求。但奖励旅游的购买者是企业，要想增强奖励旅游的激励效果以及为企业提供更完善的奖励旅游产品，应首先要关注奖励旅游购买企业的需求以及购买决策行为。

20世纪末，国内外的一些学者开始关注企业奖励旅游购买行为的研究。例如，Lewis（1983）描述了企业奖励旅游策划的具体过程；Hampton（1987）和Sheldon（1994）通过调研，指出企业奖励旅游的购买中心是由董事长、总经理（甚至是他们的配偶）或是公司内部的旅游管理部门所构成的，董事长承担的角色是重要的决策人；Xiang和Formica（2007）则对企业购买奖励旅游的影响因素进行了调研，指出了政治经济环境的变化、社会文化环境及新的管理方式与技术的出现都将对企业奖励旅游的购买产生一定的影响；张文敏和沙振权（2011）指出了奖励旅游是定制化产品，企业奖励旅游的购买过程是企业和旅行社共同创造的过程，并归纳了双方互动的流程图；李天元（2017）对比了企业奖励旅游的购买过程和一般消费者旅游购买过程的区别；李晓莉、刘松萍（2013）总结了企业购买奖励旅游的类型及其影响企业购买奖励旅游的相关因素。

二、购买中心是组织购买行为的切入点

采购活动无疑是企业生存和发展的前提。目前，越来越多的管理者意识到，良好的采购绩效对企业的正常运作至关重要。企业要想在源头上获得竞争优势，采购就不能仅仅局限于一般的程序化工作，必须上升到企业战略高度加以认知。（卢宏亮，李桂华，2013）今天，组织面临更加复杂和不断变化的商业环境，组织的购买决策一般不由个人做出。在企业对企业（Business to Business）市场，购买决策通常是由组织中的一群人（决策单位，DMU）做出的。组织中参与产品或服务的整个购买过程的人被统称为"购买中心"。（Robinson，Faris，Wind，1967）

自购买中心的概念被提出来后，购买中心成为研究组织购买行为的重要切入点。（卢宏亮，李桂华，2013）在 B2B 的市场营销中，工业营销者必须分析购买中心的购买行为，以便能够做出决定性的营销策略。首先有必要确定涉及客户一方的决策者，因为购买中心大多代表非正式群体。除了成员的数量，确定他们的功能（横向参与）和等级水平（纵向参与）尤为重要。（Johnston，Bonoma，1981）只有这样，工业卖家才能继续分析购买中心成员的内部互动，特别是他们的决策过程。（Brinkmann，Voeth，2007）在购买中心里，来自不同部门、不同层级的人员需要相互沟通、共享信息、联合决策，从而实现购买决策的"最优化"。因此，购买中心成员之间的沟通互动和决策过程关系着企业的购买绩效。

购买中心的研究主要围绕着其组成、角色、结构、决策过程及其影响因素等方面进行。购买中心是由组织中不同部门、不同层次的人员所构成。当然，采购中心也可能包括来自外部组织的成员，如客户、顾问和供应商（Hill，Hillier，1977）。Webster 和 Wind（1972）指出，购买中心内部包括五个角色：使用者、影响者、购买者、决策者和看门人。后来，T.V. Bonoma（1982）增加了一种角色：倡议者。Wilson（2002）将购买中心的构成扩展到八个角色：倡议者、信息来源、看门人、分析人员、影响者、购买者、决策者和使用者。其中，购买中心的某个

角色可以由多个人承担，或者一个人也可能同时承担多种角色。

Johnston 和 Bonoma（1981）指出，在对购买中心进行研究时，有必要考虑它的结构和互动模式，他们提出从规模、横向参与、纵向参与、连通性和中心性这五个维度来测量购买中心的结构与内部互动。购买中心的决策过程被描述为一系列连续的相关联的阶段。Steward、Narus、Roehm 和 Ritz（2019）在对购买中心决策过程的研究回顾中，总结了不同视角下的决策过程的建模。与此同时，购买中心的构成、结构和决策过程会随着环境、组织、购买和个人等相关因素进行变化，购买中心和决策过程之间也存在影响关系。（Johnston，Lewin，1996）

三、社会网络视角下的购买中心分析

在商业组织中，购买、销售、研发和其他市场营销过程本质上依赖于拥有实现共同目标所需技能的个人团队。在组织购买的背景下，采购经理不仅需要与来自公司其他部门和职能部门的个人合作，还需要与公司外部的个人合作（Doyle，1995）。这些来自公司内外不同部门和职能的专家团队形成了专门的网络（Harland，Brenchley，Walker，2003），以提供共享的知识（Buckles，Ronchetto，1996），并成功地执行采购任务。Järvi 和 Munnukka（2009a）指出，购买中心来自不同的部门、不同的层次甚至不同组织，他们在购买中心内扮演不同角色、占据不同节点，并且在决策过程中彼此影响、互通信息，体现出很强的交互性。可以说，购买中心的网络特征现实存在且非常明显。

Doyle（1995）描述了网络在商业组织中的地位："建立和维持外部和内部网络的能力已经成为关键的管理技能——它是发展核心能力、维持战略意图的引擎，因此也是组织价值产生过程的引擎。"这种观察在组织购买的情况下也是正确的。购买中心被定义为由所有参与购买过程的人员组成的临时网络（Robinson et al.，1967），它们在组织采购任务的成功中起着核心作用（Bristor，1993）。

尽管一些作者对购买中心进行了广泛的研究，但只有少数研究应用了网络方法（Bristor，1993；Buckles，Ronchetto，1996；Järvi，Munnukka，2009b；Johnston，Bonoma，1981）。这是令人惊讶的，因为组织购买被描述为基于技术、社会以及经济维度所形成的网络结构（卢宏亮，李桂华，2016）。Hakansson 和 Snehota（2000）将这种网络视作完成采购任务的、有组织的交互模式。

Bristor（1993）认为，成功的采购取决于组织能否建立功能良好的购买中心网络。这个网络为组织提供了来自不同部门、不同层次的有用信息，并汇总和创造了做出最优决策的知识，组织最大化地占有这些信息和知识是非常有必要的；同时，采购任务能否成功还取决于不同采购阶段购买中心的网络结构以及不同参与者的投入情况。

网络研究方法有助于强化购买中心功能，并能分享采购相关信息，在不同采购阶段加入网络的内外部成员，可以创造和分享与采购任务相关的知识，并且可以减少采购过程中的不确定性（Buckles，Ronchetto，1996）。

第二节　研究问题和研究目标

一、研究问题

国内外学者对奖励旅游的购买进行了一定的研究，但还是存在一些研究空白。现有的奖励旅游的研究主要聚焦在奖励旅游的激励作用和奖励旅游产品供给这两大方面，缺乏对奖励旅游购买行为的研究。奖励旅游购买行为是组织购买，组织购买依靠购买中心，而社会网络提供了分析购买中心的视角，鉴于此，本书的研究问题如下：

第一，奖励旅游购买中心的决策过程如何、具体包括购买中心的构成及其影响因素如何？购买中心的决策过程如何、绩效如何？

第二，奖励旅游购买中心内部的社会网络如何？具体包括购买中心的规模如何？网络结构图的呈现如何？购买中心的网络密度如何？网络中心势如何？团队结构洞如何？核心 - 边缘结构如何？

第三，奖励旅游购买中心的社会网络与决策过程、绩效的关系如何？具体包括购买中心社会网络与决策过程的关系如何？决策过程和绩效的关系如何？

二、研究目标

本研究旨在探索奖励旅游购买中心社会网络与决策行为、绩效之间的关系，为提高奖励旅游生产服务绩效以及为奖励旅游服务供应商提供营销建议。具体目标如下：

第一，解析奖励旅游购买中心的决策行为，构建购买中心决策行为机制模型。

第二，分析奖励旅游购买中心社会网络，绘制购买中心沟通网络关系网。

第三，检验奖励旅游购买中心社会网络、决策过程和绩效之间的影响机制。

第三节　研究意义

一、实践意义

1. 为奖励旅游服务提供商的营销努力提供理论和实践的指导

由于企业对奖励旅游购买的增加，奖励旅游产业得到发展。世界旅游趋势显示，在德国，会展旅游（MICE）占商务旅游市场的 54%。在美国，会展旅游贡献了 114.2 亿美元的差旅支出，占 2015 年所有商务旅行的 41%（Global Business Travel Association，2016）。

由于越来越多的中国企业使用奖励旅游，中国的奖励旅游产业也得到快速发展。根据全球商务旅行协会最近发布的报告，2016 年中国商务旅游支出规模达到 3180 亿美元，已经超过美国成为世界第一大商务旅行市场。其中，奖励旅游是商务活动市场中最大的细分市场，预计不久后会达到几倍的增长，中国将成为世界第三大奖励旅游市场。

企业对奖励旅游购买的增加，促进了奖励旅游产业的发展，这对于奖励旅游的服务提供商，例如旅行社、差旅管理公司（TMC）、专业会议组织者（PCO）、旅游目的地管理公司（DMC）都具有重要的经济意义。吸引和争取会奖旅游市场是一种高起点的旅游业发展方式（李天元，2017），因此，了解企业奖励旅游购买中心行为的特征对于奖励旅游的服务提供商设计有效的营销努力具有重要的意义。具体如下：

第一，对企业奖励旅游购买过程的研究，旨在掌握企业奖励旅游购买过程的各个阶段及其体验。奖励旅游服务提供商的销售人员可以通过分析购买过程的各阶段及其体验，创新与客户互动的模式。与此同时，由于奖励旅游是定制化的旅游产品，销售人员也可以通过购买过程的各个阶段及其体验，明确奖励旅游的定制边界，为企业策划和提供符合其需求的奖励旅游产品与服务。

第二，对企业奖励旅游购买中心的研究，旨在确定购买中心的构成、角色以及变化情况。以上信息使得销售人员能够清楚地知道参与购买决策的部门有哪些；不同部门的职责是什么，谁是关键的影响者或者决策者；购买中心的相关部门是何时参与其中的，他们是如何参与或者试图影响哪些购买问题或者子决策。这些信息有助于提高销售人员营销决策的有效性。营销人员能够越早了解购买中心的构成和购买过程的状态，就越有机会比其他竞争者早接触参与者、影响者和决策者。这样，营销人员就可以在需要的时间和地点集中营销资源，有效地使用营销资源，进而避免资源的浪费。

第三，对企业奖励旅游购买影响因素的研究，旨在识别企业购买决策的真正关注的因素，及其这些因素的影响程度，并根据影响程度划分奖励旅游购买企业的类型，进行市场细分。为此，奖励旅游服务提供商可以更好地了解企业的需求、购买实践、情况和相应行为，并据此制定出适应性的营销方法。

2. 提高奖励旅游的生产服务绩效

奖励旅游是服务经济与生产性服务业日益成熟的表现，是现代企业管理创新的反映，逐渐成为与奖金一样被普遍采用的激励方式和企业管理的重要手段（Sheldon，1995；张文敏，2005）。目前，我国正处于工业化进程快速发展时期，大量员工需要人文关怀，旅游作为一种积极健康的消费形式，对实现人的全面发展和社会和谐具有不可低估的促进作用（李晓莉，2011），因此奖励旅游这种新型的激励和管理工具对企业的发展具有重要的现实意义。但是，目前我国的奖励旅游效果并不令人满意，实证研究发现，企业购买方和终端消费者之间均存在负面的感知（董媛，2006；王国钦，郭英之，闵辰华，黄闵穗，2007）。奖励旅游购买中心作为采购决策的主要单位，内部成员之间的沟通网络、信息共享、影响互动、联合决策等行为对购买绩效具有一定的影响。因此，以奖励旅游购买中心作为切入点，对购买中心社会网络决策过程和购买绩效之间的关系进行研究，将为奖励旅游的激励功能和管理绩效起到借鉴作用，从而为众多采用奖励旅游的企业更好地发挥为生产服务的作用。

二、理论意义

本研究的理论意义主要是丰富组织市场营销和社会网络的相关理论。市场一般划分为消费者市场和组织市场，相应地，市场营销可分为消费者市场和组织市场营销。然而，长期以来，营销学界大多集中于对消费者市场营销的研究，组织市场营销并未得到足够的重视。组织市场是一个广阔的市场，无论在中国、美国还是许多其他国家，组织市场是所有市场中最大的市场，组织市场涉及的资金、项目和交易量远远超过消费者市场（张文敏，2012）。

组织购买行为和消费者购买行为之间存在一定的差异。首先，组织需求是派生需求。组织购买产品是为了满足他们顾客的需求。冲动购买在组织购买中是很少见的，并且清楚地说明了客观标准，如满足生产需求和产品成本最低时间表（或提供包括物理产品和周围服务的组合）经常驱动选择过程。其次，由于常常是许多个人参与到采购决策过程中，采购经理很少能独立于采购组织中其他（利益相关者）的影响做出购买决策。此外，组织外部的个人（在供应商公司，在其他行业公司，在供应链和其他地方）可能会影响决策。因此，购买决策是由一个群体做出的，而这个群体反过来又嵌入到个人和组织关系的网络中。第三，由于购买的金额大，涉及的利益相关者数量多，所考虑的产品通常是复杂的、技术性的，购买过程往往需要很长时间，可能涉及广泛的讨价还价和谈判。组织采购过程的扩展性（在某些情况下可能需要几个月或几年）及其互动性（在买卖双方组织涉及多个个人）很难在供应商的营销努力和买方的反应之间建立起功能性的关系。第四，由于组织购买者更感兴趣的是满足总体需求，而不是购买特定的产品，因此最终提供的产品可能会相当复杂，包括诸如培训、技术支持、融资、交付等项目，买方和卖方都不能轻易地确定什么样的提供对买方来说是最好的（Grewal et al., 2015）。

正是由于组织市场和消费者市场之间的明显区别，组织市场是一个需要单独分析研究的市场（雷赖特，2006；迈克尔，托马斯，2006）。尽管近年来研究组织市场的学者和文献数量呈上升趋势，但还是远远少于对消费者市场的研究。与消费者营销相比，中国理论界和企业界对组织市场营销的研究明显不足（王永贵，姚山季，司方来，2011）。随着经济全球化及网络营销的迅猛发展，组织市场营销的地位日益突出。因此，组织市场营销也就成为一个极为重要、复杂多样并极具吸引力的市场，对其进行研究具有重要的理论意义（廖以臣，甘碧群，2010）。

本研究以组织购买行为理论（OBB）为基础，传统的对组织购买行为的研究一般局限于工业产品。奖励旅游作为服务产品，企业在对其购买中心的组成、购买的过程以及购买绩效的关系上都与传统的工业产品购买存在差异，因此，从这个层面上讲，本研究也进一步丰富了组织购买行为理论的研究内容。

社会网络的发展最初集中于社会学领域，直到20世纪90年代才开始进入管理学领域。最初，社会网络在管理学领域的研究集中在企业层面和个人层面，仅有少数人对团队社会网络进行探索（陈公海，2008；何芳蓉，2003；林亿明，2002）。在面临变化和不确定性时，企业可以利用团队这一组织方式更快地适应外部环境的变化，而团队嵌入社会网络的形式引起了学术界的关注（李永强，朱坤昌，白璇，2009）。目前，在团队社会网络层面，国内外学者均取得了丰富的研究成果，但是现有团队的研究集中在 RD 团队（Mote，2005；袁晓婷，2010）、创业团队（董海真，2016；许多，2019）、创新团队、高管团队（丁楠，2010b）等，对购买团队的研究较少。因此，本研究在一定程度上丰富了团队社会网络的研究内容。

第四节 研究方法及研究思路

一、研究方法

鉴于研究问题和研究目标，本研究采用混合研究方法。混合研究方法是一种包含了哲学假设和调查方法的研究设计。作为方法论，它包含了哲学假设和调查方法的研究设计。这些前提假设在多个研究阶段引导着数据收集和分析、定性定量方法整合。作为一种方法，它关注单个或系列研究中定性和定量数据的收集、分析和混合。它的核心前提是：比起单独使用定性或定量方法，结合使用两种方法，能够更好地解答研究问题（Creswell，Clark，2007）。适合使用混合方法的研究具有以下特征：数据资源不足，研究结果有待解释，探索性发现需要一般化，要用第二种方法来增强第一种方法，需要采用某种理论立场，以及整体研究目标、研究最适用于采用多阶段或多项目的形式（Creswell，Clark，2017）。混合研究方法的优点之一，在于使定量和定性研究相互补充，消除彼此的缺点。定量研究难以理解人们谈话的语境和背景，也无法直接呈现参与者的观点。不仅如此，定量研究者置身幕后，他们个人的偏好和阐释也很少得到讨论。定性研究可以弥补这些劣势。另一方面，由于研究者往往会进行个人阐释，并可能因此造成偏颇，所以定性研究被认为存在不足；又因为研究对象的数量有限，定性研究难以将研究发现推广至更大的群体。定量研究则可以避免这些缺陷。因此，二者恰好可以取长补短。比起单一的定性或定量研究，混合研究方法可以为研究问题提供更多的证据。研究者可以使用所有可行的数据收集工具，而不限于定量或定性的数据收集方式（Creswell，Clark，2007）。

1. 质性研究方法

陈向明（2000）指出，质性研究是以研究者本人作为研究工具，在自然情境下采用多种资料收集方法对社会现象进行整体性探究，主要使用归纳法分析资料和形成理论，通过与研究对象互动对其行为和意义建构获得解释性理解的一种活动。本研究的质性研究方法包括文献研究和个人深度访谈。

当探索新的主题或解释复杂的现象时，质性研究是有用的，因为它可以提供研究人群的视角和他们生活的环境（Myers，2013）。质性研究也提供了丰富和深刻的见解，并经常试图回到"为什么""什么"和"如何"的问题（Easterby-Smith，Thorpe，Lowe，1994；Eisenhardt，Graebner，2007）。如果研究人员想要深入了解地了解人们的动机、原因、行动，以及他们的信念和行动背后的背景，质性研究是最适合的方法（Myers，2013）。

文献研究是对与论文相关的主题研究进行全面的文献资料收集，通过综述来分析、理清研究的最新进展和学术见解，从而揭示本研究课题的相关动态，为后续研究寻找新的方向。本研究通过在国内外多个数据库，如 EBSCO、ProQuest、JESTOR、Taylor&Francis、Elsevier、Emeraldingsight 以及谷歌学术、中国知网、万方等全面检索相关问题，对组织购买行为、企业奖励旅游购买行为、会展旅游组织购买行为等相关文献进行分析和梳理，以使得研究建立在坚实的理论基础之上，同时，通过全面掌握相关理论的研究轨迹和最新进展，提炼出新的研究方向。

了解奖励旅游购买中心的决策行为机制，包括奖励旅游购买中心的构成、影响因素、决策过程以及绩效四个主题。"为什么""什么"和"如何"的问题突出了人们说什么、做什么以及他们生活的社会和文化背景。此外，奖励旅游购买中心的决策行为机制的研究较少，因此本研究的课题相对较新。研究目标、问题和背景最好是利用质性研究的独特优势。

采用深度访谈的方法来收集原始数据，是质性研究中最广泛使用的收集数据的方法之一。此技术提供了来自广泛范围的人员、角色和情况的丰富数据源，因此特别适合于获取关于行为和感知的详细信息。在既定的访谈主题下，通过被访者围绕主题范围进行比较自由和细致深入的访谈，获得丰富生动的定性资料，并通过研究者主动的、洞察性的分析，从中归纳和概括出某种结论。被访谈对象的选择具有很强的代表性和目的性，而非随机性，通常是某一领域的专家，他们是深度访谈"关键信息的提供者"（艾尔·巴比著，邱泽奇译）。

2. 社会网络分析方法

社会网络分析（SNA）开始的标志通常被认为是美国社会心理学家 Jacob Moreno 于 1933 年的一次讨论会上首次提出的"社群图"（sociogram）概念，即用点来表示社会中的人，用线来表示人与人之间的关系。Moreno（1933）认为，社群图的构建使得研究者能够区分出不同的角色，如领导者和孤立者，揭示不对称性和互惠性，并用图来表示关联的渠道。社群图第一次将原先那些晦涩的、隐喻的社会结构和网络概念转化为直接的图形来表示并进行分析（李立群，2017）。

社会网络分析方法是由社会学家借鉴数学方法、图论等其他学科的研究方法发展起来的定量分析方法，是社会学领域比较成熟的分析方法。社会网络分析法认为网络是由若干节点组成的，这些节点由节点之间的联系连接起来，形成一定的依赖和协作关系，节点与节点之间的关系形态表征为一定的网络构型，并决定其社会网络特征。通过研究网络关系，从个体间关系层面、"微观"网络层面以及大规模社会网络的"宏观"结构层面交集处窥见社会网络分析的全貌。国内外很多学者都认为，社会网络作为一种工具，其实质是一种关系论的思维方式，用来分析和研究竞争情报、知识管理、社交媒体和引文网络以及经济学、管理学、社会学等各个领域的问题。简单来说，社会网络分析是对社会网络中的行动者之间的关系结构及其属性进行量化分析的一套规范和方法，并结合描述社会网络结构特征的具体测量指标，利用结构性的研究视角，探索个体或整体网络关系结构的意义（表1.2）。（尚丽雅，2020）

表 1.2　社会网络的主要研究领域

研究领域	研究内涵
1.应用在社会网络分析的数学模型	衡量社会网络的指标及演算法，如Everett&Borgatti（1994）对于"结构对等"提出更严谨的衡量方式
2.家庭和社区研究	关于亲戚、学院关系对于秘密结社的探讨（Smith，1979），社区村落中友谊关系和财经关系对于团队的影响等（Barnes，1954）
3.组织权利和经济结构	产业和经济结构的关联，如英国制造业和银行间关系的探讨（Scott&Griff，1982），以货币流动研究证券市场交易（Baker，1984）、国际商品交易和组织间权利的关系（Smith&White，1992）
4.政治、抗争和政策网络	社会运动中抗争团队的社会网络结构（Diani，1992）、政策网络的密度与群集性和高凝聚力的政策社群（March&Rhode，1992）
5.知识、声誉和扩散	主要探讨意见和声誉的扩散效果，如医生用药知识如何扩散（Coleman，Katz，Menzel，1957），生技产业中专业人士的生涯发展和联系

资料来源：Scott（2002）

由于社会网络的理论核心在于个体间的关系和结构特性对个体的影响，并不考虑网络中个体的属性，网络中的个体可以是个人、团队、部门、企业甚至国家，因此，社会网络除了应用于社会学、人类学和政治学，在20世纪90年代也开始进入到管理学，尤其在企业组织领域中得到深度应用。Tichy（1981）就曾强烈建议组织行为研究应采用网络分析的观点，同时考虑个人心理动机、与他人的互动关系结构对个人态度、行为及绩效的影响（Krackhardt，Brass，1994）。本研究对奖励旅游购买中心社会网络的研究主要采用社会网络分析方法。

3. 定量研究方法

定量研究方法强调测量和统计、数学或数值分析的目标。Jennings（2001）认为定量研究是一种演绎方法，它是一种结构化的、系统的、可复制的研究设计，主要基于随机抽样以及基于数字的数据和统计分析。

最常见的数据收集的定量方法是进行调查，这是一种研究设计，广泛应用于收集顾客满意度、员工满意度等反馈。调查的优势是通过邮件、电话、电子邮件或亲自进行大量数据收集的直接方式（Saunders，2011）。其他方法，如投票和问卷调查，被广泛用于收集数据进行数值分析。

定量方法分为描述性、解释性、预测性和评价性分析，基于总体目标。这种方法在需要大量参与者构建具有代表性的结果的营销研究中特别有用（Riley & Love，2000）。要进行定量研究，需要提出假设，说明如何对研究结果进行检验，并验证假设的结果（Phillimore，Goodson，2004）。

定量研究方法主要是运用于奖励旅游购买中心社会网络与决策过程、绩效之间关系假设的实证检验。

二、研究思路

本研究对奖励旅游购买中心的决策行为进行探讨，具体包括奖励旅游购买中心的构成及其影响因素，奖励旅游购买中心的决策过程及绩效，奖励旅游购买中心内部社会网络特征及其对决策过程和绩效的影响机制。首先，通过对奖励旅游、组织购买、团队社会网络、团队过程以及团队绩效的文献进行回顾和梳理，在总结、归纳已有的研究的基础上，指出研究存在的不足以及论文的研究问题；其次，通过扎根方法构建奖励旅游购买中心决策行为机制模型，掌握奖励旅游购买中心内部互动形式、内部互动对决策过程、决策过程对决策绩效的影响路径；再次，在理论模型的基础上，提出内部社会网络对决策过程、决策过程对决策绩效影响的相关假设；接着，通过收集数据，根据所获取的数据实证检验奖励旅游购买中心内部社会网络特征及其对决策过程和绩效的关系；最后，总结并讨论本研究的结论，阐明了本研究的实践启示和理论贡献，以及研究中存在的不足和局限，指明了未来的研究方法。本研究按照图 1.1 的技术路线图开展研究。

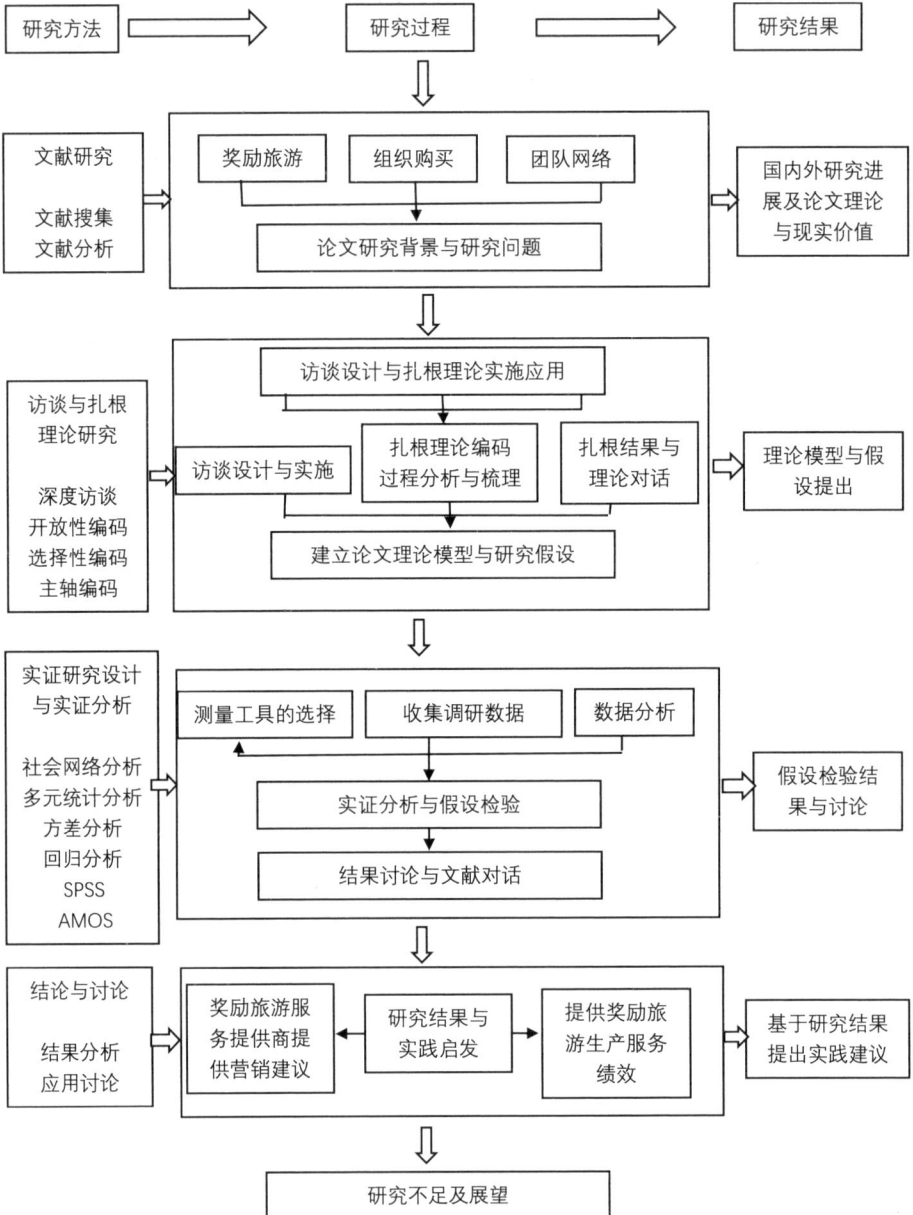

图 1.1　技术路线图

三、研究框架

本研究共分六个章节，具体安排如下：

第一章为绪论。该部分主要论述研究背景，提出研究问题、研究目标，阐述研究意义、研究方法、研究思路，以及说明本研究的基本框架。

第二章为文献综述。文献综述对四个方面的内容进行了回顾。首先，系统回顾了奖励旅游购买行为的相关研究，包括奖励旅游的基本概念、奖励旅游购买中心、奖励旅游购买决策的过程、奖励旅游购买的影响因素以及奖励旅游满意度等。其次，系统回顾了购买中心的相关研究，包括组织购买行为模型、购买中心的构成和角色、购买中心购买过程、购买中心的结构维度和影响因素以及购买中心类型划分。第三部分回顾了团队社会网络分析的相关研究，具体包括团队的概念和类型、团队社会网络的层次和形态，团队社会网络分析的理论基础，团队内部社会网络的测量指标。第四部分主要是团队过程和团队绩效相关研究的回顾，对社会网络与团队过程以及团队过程和团队绩效之间的关系进行了梳理。

第三章是奖励旅游购买中心决策行为研究，使用质性研究方法，对企业奖励旅游购买中心进行调研，构建奖励旅游购买中心决策行为机制模型。

第四章为奖励旅游购买中心社会网络分析。通过社会网络问卷，收集奖励旅游购买中心沟通网络数据，运用 Ucinet 6 for Windows 对奖励旅游购买中心社会网络进行分析，绘制并分析了团队内部沟通网络关系图，计算了社会网络的主要指标，总结购买中心的社会网络现状。

第五章为奖励旅游购买中心社会网络、决策过程和绩效的关系研究。根据奖励旅游购买中心决策行为机制的理论模型，提出了购买中心社会网络和决策过程、决策过程和绩效之间的关系假设。利用 SPSS25.0、AMOS26.0 等统计分析工具，测量问卷量表的信度和效度，并通过描述性统计分析、相关分析、方差分析和回归分析，检验了组织因素对奖励旅游购买中心社会网络的影响，购买中心社会网络对决策过程的影响以及决策过程对决策绩效的影响。

第六章为结论和讨论。对研究结论进行总结，并且将研究结论与先前研究、预期假设进行对比分析，讨论研究的一些新发现。最后，总结研究存在的不足，并提出了进一步研究的建议。

第二章　文献综述

第一节　奖励旅游购买行为相关研究

一、奖励旅游基本概念

奖励旅游的基本概念主要包括奖励旅游的定义、特征和作用。目前，引用最多的奖励旅游概念是国际奖励旅游精英协会 SITE 对奖励旅游的定义："它是一种现代化的管理工具，通过奖励那些完成了不寻常目标的份额的参与者非凡的旅行体验，来实现不寻常的商业目标。"

在国外，奖励旅游主要被视为一种激励工具，因此，国外学者对奖励旅游的界定大多强调这个方面。例如，Wason（1990）在《奖励旅游世界杂志》中指出："奖励旅游，是利用与旅行有关的特殊经历的承诺，成就和记忆来激励参与的个人在他们的工作场所或教育中取得非凡的成就。"Westwood 对奖励旅游的定义是"在一定固定的计划周期内实现明确定义和可实现的目标，作为回报提供一个非常理想的目的地"（Witt，Gammon，White，1992）。

国内外学者对奖励旅游的理解存在一定的差异。除了认同奖励旅游是一种企业的激励工具，国内学者对奖励旅游的理解还呈现出更多的角度和层次。例如，刘少湃和蓝星（2007）指出，随着奖励旅游激励性的递减，奖励旅游会演变成为一种福利旅游。张文建（2005）指出，奖励旅游是带有公务性质的旅游，是商务旅游的发展和延伸，会议和奖励合二为一的倾向越来明显。奖励旅游不仅仅是企业的公费旅游，而且是企业的公务旅游，它把办理公务事项作为活动的主要目的，寓旅游于公务中。奖励旅游是因公而起的组织行为，而不是因私而起的个人行为，因此注重团队和集体的名义。李晓莉和保继刚（2015）指出，奖励旅游的范围既包括作为管理工具的、旨在提高组织目标的激励优良绩效获得者的团体旅游活动，也包括带有"福利"性质的面向所有员工的团体旅游。本研究所界定的奖励旅游则采用李晓莉和保继刚（2015）所提出的奖励旅游的定义。

相比于定义上的区别，国内外对奖励旅游特征的看法趋向一致。Mehta、Loh 和 Mehta（1991）在总结奖励旅游特征的基础上，特别强调奖励旅游的四个特征：第一，企业和组织利用奖励旅游来实现特定的目标和目的，所以奖励旅游的成本通常被认为是"花钱去赚钱"。第二，奖励旅游被用作奖励和激励那些表现对于旅游赞助者来说非常重要的人。第三，为了有效，奖励旅游必须是独特的。第四，个人旅行者的享受和满意度将成为衡量标准，公司赞助商（奖励旅游购买者）将以此用来判断项目的成功与否。

戴维森根据李晓莉和保继刚（2015）的观点，总结出奖励旅游具有以下特征：第一，在需求方组织内不容易辨认出谁是直接决策者，秘书、营销总监、培训总监都有可能是决策者。第二，参加对象是公司员工。第三，活动持续时间相对较短，与会者的预算高。第四，活动场馆通常是高星级酒店。第五，同行者中通常有参与者的配偶。

吕莉（2005）指出奖励旅游具有如下特征：第一，参加对象不单单是企业的员工，企业品牌的经销商还有企业品牌的忠实消费者，他们构成了参加的主体。第二，企业是奖励旅游活动开展的决策者、购买者，奖励旅游是企业采取的一种现代化管理工具，从一定程度上而言，它是企业管理多样性的表现。第三，提供奖励旅游服务的专业机构，如旅行社、目的地管理公司、专业会议公司等，他们是具体奖励旅游活动的组织、安排和实施者。

郭宇和邹亮（2016）总结了奖励旅游的特征：第一，奖励旅游内容丰富。第二，奖励旅游具体针对性。第三，奖励旅游是具有特色的旅游产品。

纵观国内外对奖励旅游特征的总结，可以明确奖励旅游之所以区别于其他旅游，这几个特征需要强调。第一，奖励旅游使用者是员工，但是奖励旅游的购买者和决策者是企业，是组织，即奖励旅游的购买者和使用者是分离的，奖励旅游的市场是组织市场，奖励旅游的购买是组织购买行为。第二，奖励旅游是团体旅游，是群体旅游。第三，奖励旅游是一种特殊化的旅游活动，为了有效激励，需要有独特性，需要有针对性，因此从一定的意义上来说，奖励旅游是一种根据客户需求进行定制的旅游产品，会受到不同因素的影响。

最后，关于奖励旅游的作用。国外对奖励旅游激励作用做了很多实证研究。例如，Hastings、Kiely 和 Watkins（1988）对加拿大的一家保险公司的员工进行调查后发现，旅游是受欢迎的奖励，是比家庭用品、商业用品、零售券和证书都更有激励效用的奖励。并且，调查还发现，奖励旅游被受访者感知为激励的内在因素，具有"奖杯价值"，也就是说更具有激励的持久性。

Shinew 和 Backman（1995）对比了个人度假旅游、销售会议、现金和商品对员工激励的吸引力。结果显示，个人度假旅游和销售会议比现金或商品获得更高的评分，表明了它们被员工视为理想的激励选择。但是，不同的激励方案在不同类别员工中的评价也存在区别。例如，销售代理更容易被现金所吸引，而地区经理更有可能被销售会议所吸引。

国内对奖励旅游激励效用的实证研究较少。董媛（2006）通过对重庆奖励旅游的使用者的调查发现，目前重庆奖励旅游的使用者对奖励旅游负面感知大于正面感知，参加者缺少"非比寻常"的感觉，也没有从真正意义上实现奖励旅游激励、团结、宣传、创造等几大效用，令参加者产生感知上的偏差。

虽然国内奖励旅游的激励效价的实证研究和国外的研究结论存在一定的区别，但是国内研究总结了奖励旅游作为一种管理手段，具有以下的作用：第一，凝聚员工的向心力；第二，强化公司的企业文化；第三，持续管理员工提升工作绩效；第四，激励员工协助企业达到业绩目标，提高市场占有率；第五，促进员工、厂商的感情交流；第六，纾解紧张的工作压力；第七，加强对公司的认同与向心力；第八，加强经销商的忠诚度（张文敏，2005）。奖励旅游除了是对个人的奖励以外，也是对企业的奖励。大规模的奖励旅游有包机、包车、包场的现象，相应地都会打出醒目的企业标识。此方式的采用对企业产生积极的作用，可树立良好的企业形象，扩大企业的知名度（孙中伟，王杨，耿香会，2005）。

二、奖励旅游的购买中心

Hampton（1987）对总部位于英格兰东南部的9家奖励旅游的用户公司进行调研，和他们负责计划和组织奖励旅游的人员进行访谈，发现这些公司参与计划和组织奖励旅行的人员很少，大部分的情况是，旅游的组织者是销售或市场经理，但可能也包括晋升经理、人事经理和总经理。这可能会导致奖励旅游供应商公司的销售人员在确定组织内部的联系人时遇到困难。事实上，如果首先通过电话联系，他们很可能被介绍给公司的商务旅行部门。

奖励旅游目的地的选择是由公司的董事长或总经理（甚至是他们的配偶）以及他或她认为合适的目的地决定的。这里应该强调的是，情况并非总是如此，但这是一些人承认的现实。

Sheldon（1994）通过调查发现，企业使用各种各样的组织来计划、组织和推广奖励旅游，其中使用公司自己的管理部门和奖励旅游旅行社是最主要的两种方式，除此之外还有内部旅游部门和旅行社等其他组织。

张文敏（2011）指出，近年来，许多经常开展奖励旅游的大公司给销售支持部增设了一项职能，那就是与旅行社共同开发为本公司定制的奖励旅游产品。在奖励旅游开发与实施的过程中，产品不再是传统商品导向逻辑下由旅行社独立生产然后卖给顾客，而是在顾客中派出销售支持部的客服专员、主管与部门总监共同组成项目小组，进行奖励旅游产品的共同生产。

Loginova（2011）探索了俄罗斯的企业购买的包括奖励旅游在内的商务旅游购买中心及其购买过程。通过对三个不同规模的企业的案例分析，首先描述了购买中心的购买过程，包括识别需求——确定产品规格——寻找供应商——评估建议书——选择供应商——购买——实际使用七个阶段。其次，对购买中心的成员进行识别。大公司的购买中心通常是人力资源部（HR）或公共关系部（PR），中小企业的购买中心可能是 CEO 或者副董事，秘书或者经理在购买中心中是看门人的角色。除此之外，Loginova 还指出，在购买过程的不同阶段，购买中心成员是不同的。（表 2.1）

表 2.1 商务旅游购买阶段及购买中心

阶段	购买中心成员		
	Sofia-Metal（小型公司）	Arsenal-Eatate（中型公司）	Mobil（大型公司）
问题识别	人力资源代表或者团体中的主动性员工	人力资源部代表，公司董事会	人力资源部代表，公关部门
产品规格	CEO 授权的积极员工	人力资源部的代表，董事会成员，高层管理者	人力资源部或者公关部门代表，私人助理
供应商/来源搜索	任命的人员	任命的人员	主动部门的经理或者在私人助理监督下的特殊机构的经理
建议征集	副主任，CEO	董事会成员，高层管理者	主动性部门的领导或首席执行官授权的代表或部门
供应商选择	副主任，CEO	董事会成员，高层管理者	总裁授权的主动性部门的领导或私人助理授权的部门
决策/购买	CEO/联系人	董事会成员或首席执行官或董事会指定的人	CEO 或者私人助理
实际使用	整个团队	员工、董事会成员、高层管理者	员工、高层管理或者合作伙伴

来源：Loginova（2011）

三、奖励旅游购买过程

Lewis（1983）描述了奖励旅游策划者决策过程的场景：

（1）策划者决定预期参与者的数量、预算和客户的时间限制。

（2）策划者与客户讨论需求、愿望与偏好。

（3）策划者评估可能的目的地、酒店和客户之间的契合度。

（4）策划者会评估个人（或在新地区的可靠联系人）在该目的地的经验以及酒店的设施、管理和奖励经验。如果该目的地和酒店看起来是一个不错的选择，策划师可以为此目的来参观。

（5）策划人选择目的地或酒店的可能性与客户意见一致。

（6）策划人从他的档案或酒店的档案中获取必要的细节、信息和价格。

（7）策划人向客户做展示。

（8）策划人准备进行旅行推广，以激励潜在参与者，并制定最终的安排。

张文敏、沙振权（2011）指出，企业奖励旅游的购买过程是企业和服务提供商共同生产、共同创造价值的过程（图2.1）。

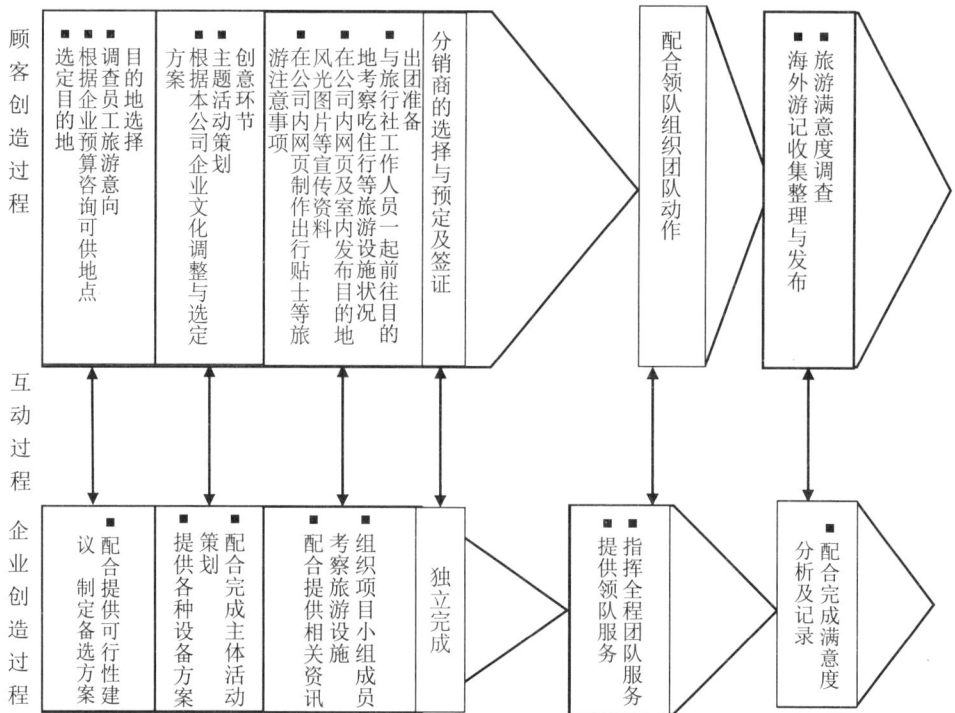

图 2.1　顾客、服务商互动流程图

来源：张文敏、沙振权（2011）

李天元（2017）指出，与一般的旅游消费者相比，会奖旅游市场属于典型的组织购买者，亦即属 B2B 市场。与一般消费者购买旅游服务产品时的情况相比较，

企业的购买行为其实有很多的不同之处。（表2.2）

表 2.2   一般旅游消费者的企业购买行为之间的差别

一般旅游消费者的购买行为	企业／社团的购买行为
决策过程的参与者仅为个人	决策过程的参与者涉及多人
购买过程相对简单	购买过程复杂（程度取决于该项目购买的性质）
做法上较为随意	因批量购买、涉及金额高、风险大而做法正规
购买行为没有铁定遵守的规则	购买行为有其系统的规定程度
所作购买决策属于习得行为	购买者受过专业训练，而且谙熟谈判技巧
交易双方没有长期存续的关系	交易双方存在长期存续的互依关系

来源：李天元（2017）

四、奖励旅游购买影响因素

如前所述，企业购买奖励旅游的原因主要是由于奖励旅游的激励效用。但除此之外，奖励旅游的购买还受到其他因素的影响。

Sheldon（1994）通过对财富（Fortune）1000 家公司及其使用奖励旅游情况的调查发现，拥有强大国内或国际影响力的企业，以及拥有大型内部商务旅行部门的企业，更有可能使用奖励旅游。此外，Sheldon（1995）还通过对 logit 回归对企业奖励旅游需求进行建模，发现企业类型、企业规模和企业内部的商务部门规模对企业奖励旅游的需求具有决定作用。

Xiang、Formica（2007）使用认识地图技术，通过对奖励旅游经理的调查，总结企业购买奖励旅游的影响因素包括经济/政治环境、社会文化、技术和新管理。具体又可以进行进一步的细分，经济环境的衰退，导致企业利润减少，股东和媒体的干预和压力增加，政府命令增多，企业自律增多，这导致企业在奖励差旅上的支出减少。旅游能力和人口变化这两个社会文化环境的变化，导致旅游全球化、精明旅行者的出现、社会多样性和更多女性劳动力，而所有这些因素都有助于奖励旅游新客户的出现。信息技术是技术环境中的一股力量，它降低了劳动力成本，提高了交易的便捷性，为旅游企业提供了更多的信息渠道。新的管理力量导致诸如决策和沟通困难等问题，并最终需要管理变革。

李晓莉（2015）在对企业访谈的分析基础上，提出了影响企业购买奖励旅游的影响因素可以分为内部影响因素，即组织内相关制度化的程度、组织内管理者个人决策导向、组织社会影响的考虑，以及外部影响因素，包括经济环境的推动、政策法规的即时影响以及社会文化环境的影响因素。（图 2.2）

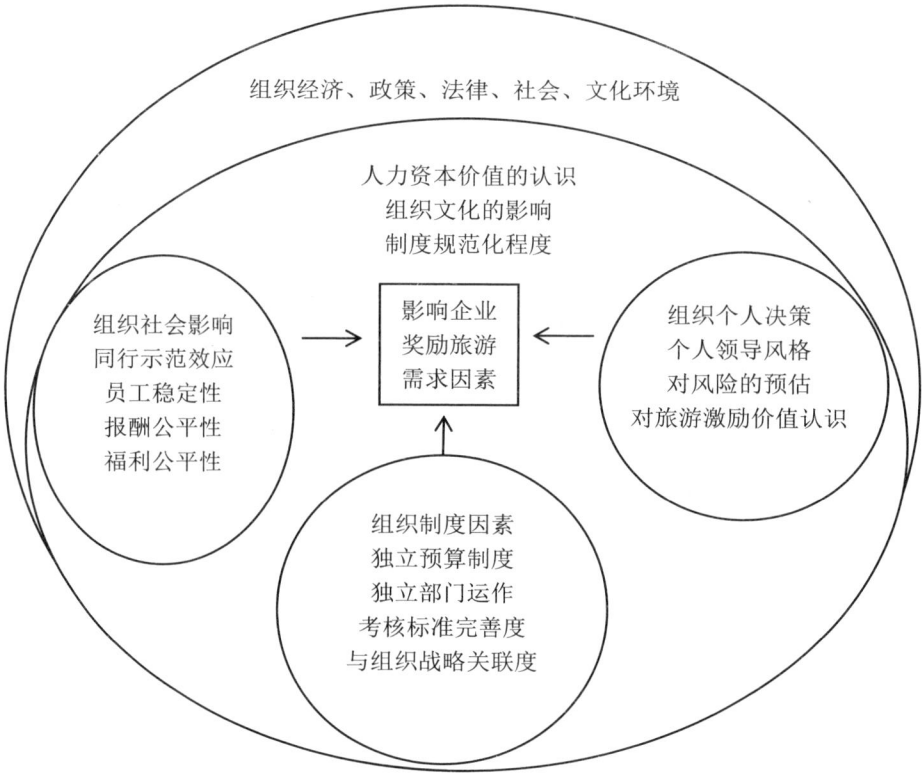

组织经济、政策、法律、社会、文化环境

人力资本价值的认识
组织文化的影响
制度规范化程度

组织社会影响
同行示范效应
员工稳定性
报酬公平性
福利公平性

影响企业
奖励旅游
需求因素

组织个人决策
个人领导风格
对风险的预估
对旅游激励价值认识

组织制度因素
独立预算制度
独立部门运作
考核标准完善度
与组织战略关联度

图 2.2　影响企业购买奖励旅游的概念模型

来源：李晓莉（2015）

五、奖励旅游者满意度

in-Soo Lee、Chia-Hao Chiang（2017）对台湾的奖励旅游者的满意度进行调查后发现，满意度的最终质量量表由 32 个项目组成，包括 8 个因素：形象和景点、无障碍设施、场地环境、酒店设施、建立网络的机会和成就感 / 奖励感、项目、特别安排的项目和当地人。Li、Lu 和 Chi（2018）则研究了不同类型的奖励旅游者的满意度和组织承诺之间的关系。研究中通过电话访谈得出了几个奖励旅游满意度维度，如对住宿设施和服务的满意度，对旅行安排的满意度，对导游的满意度，对主题晚宴的满意度，对航班和地面交通服务的满意度，以及对当地居民的热情好客的满意度。

第二节 购买中心的相关研究

一、组织购买行为的模型

组织购买行为包括了组织成员定义购买情况、识别、评估和选择品牌与供应商所进行的所有活动。为了在组织市场上获得成功，销售公司必须了解客户公司的购买行为。然而，对于这一过程的理解是困难的，因为组织购买是一个复杂的过程，它涉及许多人、多个目标和潜在的冲突决策标准，通常发生在一段较长的时间内，需要来自许多来源的信息，并包含许多组织间的关系（Webster，Wind，1972）。因此，为了更好地理解组织购买行为，研究者已经开发出一些相应的模型，其中，以韦温（Webster Wind）模型（图 2.3）和谢斯（Sheth）模型（图 2.4）最为著名，它们被称之组织购买的初始模型。

虽然都是组织购买行为的模型，但韦温模型和谢斯模型对组织购买行为的关注焦点有所不同。韦温模型更多强调了组织购买的影响因素，以及购买中心成员的构成和角色。由于存在大量可能影响组织购买的变量，韦温模型暗示着每个购买中心可能都是一个独特成员组成，在购买组织内部和不同组织之间都不相同（Johnston，Lewin，1996）。

谢斯模型认为组织购买是一个联合决策的构成，并从联合决策的过程解释了组织购买的结果。团队决策过程可能对最终决策产生积极或消极的影响，这取决于所使用的冲突解决策略的类型（例如，积极的是解决问题，消极的是讨价还价）。除此之外，谢斯模型还强调了组织购买过程中信息的搜索和使用，描述了购买中心成员在购买过程开始时可能拥有的信息，他们如何选择积极地收集信息，以及成员在购买过程中如何选择使用这些信息（Chase，2018）。

虽然这两个初始模型对组织购买行为的关注重点不同，但它们的研究者还是共享了一些重要的结论。尤其是他们都承认组织购买决策是一个涉及多人参与的过程，亦是一个多阶段的过程，组织购买中存在购买中心，并且购买中心受到相关因素的影响会呈现不同的构成和特征。

I.环境（购买行为的环境决定因素）

自然环境　　　　经济环境　　　　法律环境

技术环境　　　　政治环境　　　　文化环境

| 供应商 | 客户 | 政府 | 工会 | 行业协会 | 专业人员小组 | 其他商业公司 | 其他社会机构 |

关于供应商的信息（营销信息）　　商品和服务的可得性　　大致的商业情况　　价值和标准

II.组织（购买行为的组织决定因素）

组织的小环境：自然的、技术的、经济的、文化的

组织技术	组织结构	组织目标和任务	组织执行者
与购买相关的技术	购买中心和购买功能的组织	购买任务	购买中心的成员

技术约束和集团拥有的技术　　集团结构　　集团任务　　成员特征、目标和领导

III.购买中心（购买行为的人际决定因素）

| 任务 | 活动 | 相互 | 非任务 | 活动 | 相互 |
| 意见 | 作用 | | 意见 | 作用 |

集团过程

IV.个人参与（激励机制、认识结构、个性、学习过程、对任务的认知）

购买决策阶段

购买决策过程　　1.个人决策中心　　2.集团决策中心

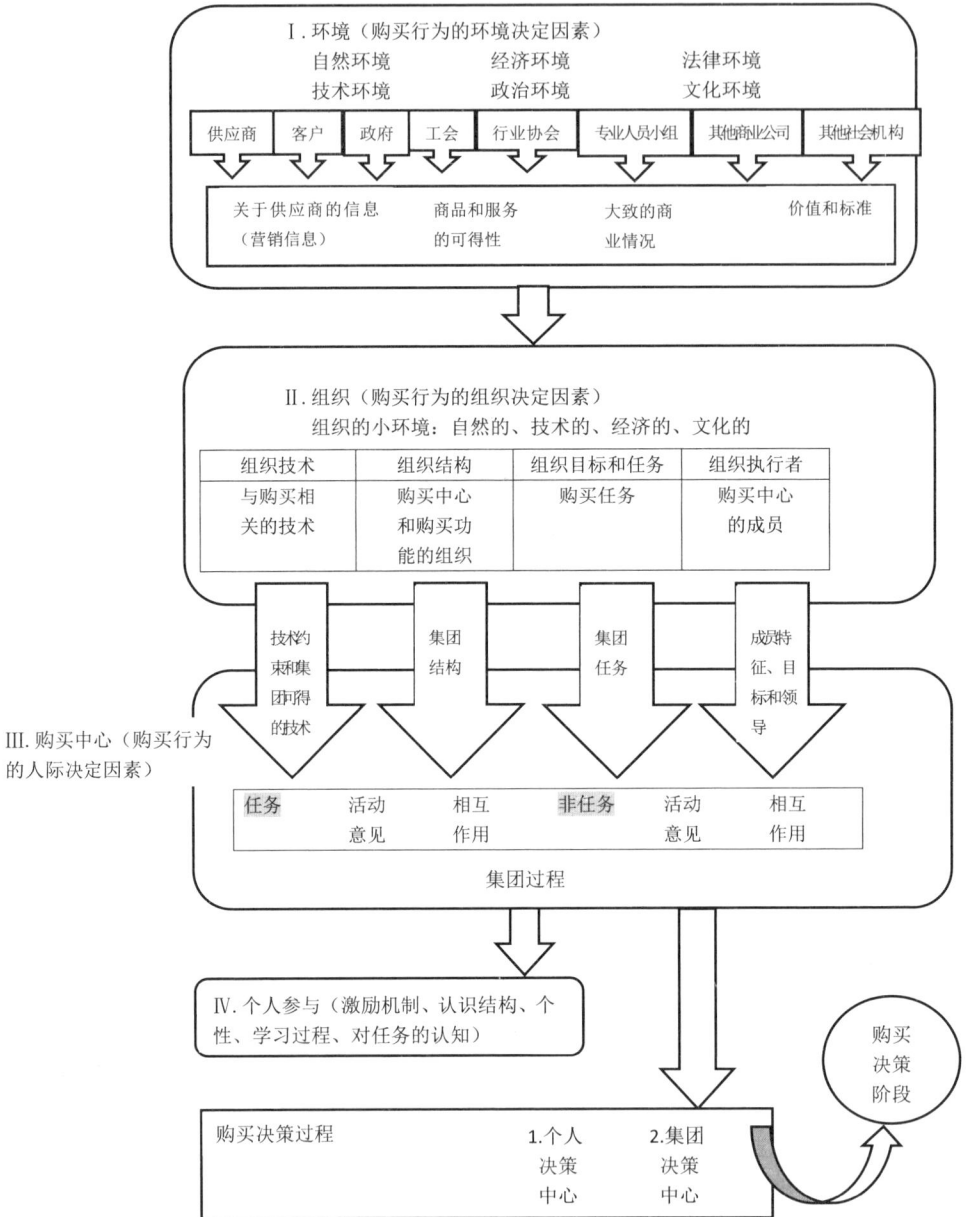

图2.3　韦温模型

资料来源：Webster，Wind（1972）

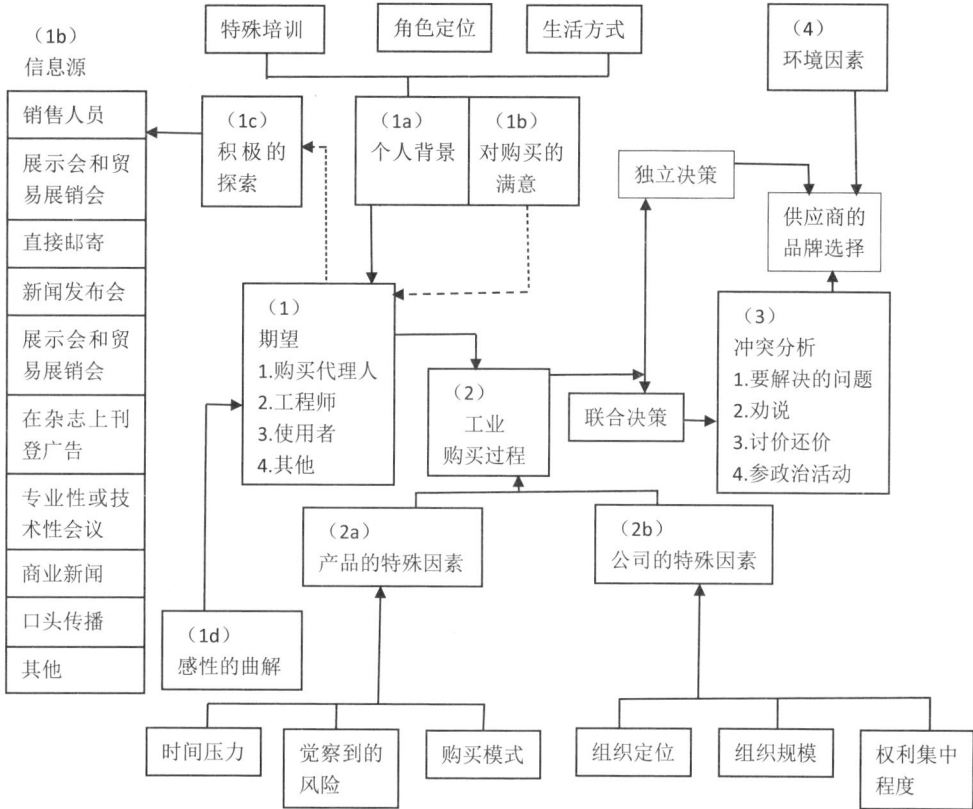

图 2.4 谢斯模型

资料来源：Sheth（1973）

二、购买中心的概念和构成

组织购买决策通常是由组织的多个部门中的几个人做出的。这些个人通常被称为购买中心（buying center）或是决策单位（decision-making unit）。购买中心是组织购买行为研究中最重要的概念贡献之一。Robinson 等人（1967）将组织购买中心(buying center)定义为组织中所有参与特定产品或服务的购买过程的成员。Spekman and Stern（1979）则指出，购买中心是一个"非正式的、具有代表性的决策单元，其主要目标是获取、输入和处理与购买相关的信息"。

Webster and Wind（1972）指出购买中心的构成包括五种角色：使用者、影响者、购买者、决策者和看门人。后来，Bonoma（1982）又增加了一种角色：倡议者。这种购买中心的构成分类已经被当作一种概述的模型而被广泛接受。在考察具体的实例后，多米尼克（2002）认为购买中心还有其他一些角色，特别是随着购买专业化的发展，一些大的购买部门会出现了一些更细化的购买角色，例如购买分析专家。因此，他将购买中心角色扩展到8个角色，并对每个角色进行了详细的描述（表2.3）。对购买中心角色的认知对组织购买行为的本质有一个大致的了解，但Lilien、Wong（1984）认为这个概念性的分类不易操作，在实际中很少应用得到。

表2.3 组织购买中心的角色

购买角色	具体说明
倡议者	是指确定购买需求的人（如购买职员、生产工人、联络客户的职员）。倡议者确认需求的方式（如抗议、要求、成本、节约建议、解决问题、投资机会）能影响确定过程的很多方面和具体的要求。
信息来源	提供信息的人（内部或是外部渠道、正式的或是非正式的、专家或是普通人）。信息的提供（特别是其表达方式）非常有影响力，但鉴于信息常有片面性，使用前应做分析和加工。
看门人	控制信息流入的人（如不让销售代理与经理通话或见面的接线员和接待人员，为保护经理监视来电来函的警务人员，拒绝合作的仲裁人员和检查人员，规避文书工作的行政人员，坚持"预定程序"的守旧的管理人员）。
分析人员	信息评估人员（购买职员、看门人中的一些人，外部的咨询机构、质量检查人员、样品试验人员）。很多正式的信息在被购买中心的人员使用前都要先加工分析，所以分析人员的影响非常大（特别是在技术性很强、很复杂的购买中）。
影响者	力图设定决定购买要求参数的人（如生产工程师、研究和发展技术人员、设计人员、服务职员——专家和权威人士等）。
购买者	管理和供应商之间的关系，进行常规谈判的人（如购买代理人、购买官员、质量管理人员）。购买者还可以对关系问题提出建议，如潜在供应商的可靠性、声誉、清偿能力、竞争力。
决策者	做出或批准最后决定的人，决定包括标准、条件、供应商（如首席工程师、购买总监、财务或生产负责人、总经理、首席执行官、主要的董事），决策者也可以是中级甚至是初级的管理人员，这取决于他们的职权范围。
使用者	实际使用（或拒绝使用）产品或服务的人（如生产工人、工头、维修工程师、秘书、最终客户）。他们可以在购买中心有正式的角色（如建议者），他们在决定购买是否可行方面有重要作用。

资料来源：Wilson（2002）

三、购买中心的结构维度

Johnston、Bonoma（1981）从系统理论和社会心理学的小群体与网络理论出发，提出了组织购买中心结构的五个维度。这五个维度分别是：

第一，可扩展性，即购买中心的规模，是指参与购买沟通网络的个人总数。

第二，横向参与。该维度的特征可以用组织中参与购买决策的独立机构、部门或公司职能领域的数量来运作。

第三，纵向参与。该维度的特征是指参与购买沟通网络的组织权利层次的数量。组织通常有六个层级的权利：所有权（董事会）、高层管理（CEO、总裁、执行副总裁）、政策管理层面（功能副总裁、总经理）、高层运营管理（例如，总监、经理）、较低层次的运营管理（主管、产品经理）、生产工作/文书职员。

第四，连通性。该维度的特征是指购买中心的成员直接沟通联系的程度，可以通过特定购买中心的总可能连通性的百分比来表示。

第五，中心性。这里的中心性是指采购经理在购买在沟通网络的中心地位，可以通过他/她发送和接收的采购通信的总和，加权在采购中心的总人数上进行表示。

这五个维度为组织购买中心结构的后续研究提供了基础，特别是可扩展性（规模）、横向参与、纵向参与这三个维度经常被用来衡量购买中心的结构特征。（表2.4）

表 2.4 购买中心结构维度的相关研究

作者	维度	结论
Lilien and Wong（1984）	横向参与	采购前期：工程师；生产 采购后期：主采购；管理层
Vyas and Woodside（1984）	横向参与	商业评估：采购 技术评估：工程师；质量控制；维护
Banting et al.（1985）	横向参与	设备：高层的前期参与，最后阶段采购参与 材料和零部件：最初阶段采购，职能、执行、产品等部门的支持，金融和销售部门负责一小部分
Johnston（1987）	纵向参与	
Dawes，Dowling and Patterson（1992）	规模	2—4 人
Dadzie，Johnston，Dadzie，and Yoo（1999）	横向参与	高级管理人员和这些产品的主要用户，包括物流、制造和工程，是仓库自动化系统购买决策过程的积极参与者，而营销、财务、研发和采购则是被动参与者
Garrido-Samaniego and Cutier-rez-Cillan（2004）	横向参与	常规购买：采购； 高投资：生产、工程师和管理人员
Theile（2004）	规模	2—4 人，不同国家情况不同

资料来源：Herbst，Barisch，Voeth（2008）及作者补充整理

四、购买中心的决策过程

购买中心的决策过程常常被描述为一系列连续的相互关联的阶段。Peter（1981）指出，在理解购买中心的购买决策之前，我们显然需要知道他们会有什么行为。因此，对购买中心的理解应建立对其决策过程的分析。

Steward 等人（2019）通过相关研究的回顾，发现学术界对购买中心的决策过程的建模主要围绕着七个不同的主题进行，不同主题下的购买中心决策过程阶段的描述更不相同。具体可见表 2.5。

表 2.5 按主题的购买中心决策过程的研究

1. 交易	2. 情境	3. 影响
工业购买过程模型 Webster Jr. （1965）	购买格子 Robinson et al. （1967）	工业购买者行为联合决策模型 Sheth （1973）
（1）问题识别 （2）采购责任和权利的组织分配 （3）确定确认产品供应和建立选择标准的搜索程序 （4）实施选择程序以评估和选择备选方案	（1）预测并认定需求、制定对策 （2）确定所需的物品及数量 （3）描述所需物品的特性和数量 （4）寻找并认定潜在的供货渠道 （5）接受并分析供应商的建议 （6）评估建议，选择供应商 （7）选择订购方式 （8）反馈意见并评估	（1）采购决策的启动 （2）信息的收集 （3）可供选择的供应商的评估 （4）冲突的解决
4. 反应	5. 关系	6. 网络
工业市场反应模型 Choffray and Lilien （1978）	开发买卖关系的框架 Dwyer et al. （1987）	工业网络模型 Håkansson, Johanson （1992）
（1）引起意识的一系列选择 （2）环境限制 （3）组织需求 （4）可行方案的选择 （5）个人偏好的形成 （6）组织偏好的形成 （7）组织选择	（1）意识 （2）探索 （3）扩展 （4）承诺 （5）解散	（1）参与者 （2）活动 （3）资源
7. 旅程		
客户决策旅程 Edelman and Singer （2015）		
（1）考虑 （2）评估 （3）购买 （4）忠诚度闭环 a. 享受 b. 拥护 c. 结合 （5）新旅程		

资料来源：Richter, Schlaegel, Midgley and Tressin （2019）

本研究采用的是 Sheth （1973）提出的决策过程的四个阶段。Sheth 认为组织购买过程是一个联合决策过程，这个过程可以划分为四个阶段，即（1）采购决策的启动；（2）信息的收集；（3）可供选择的供应商的评估；（4）冲突的解决。Sheth 模型强调了在组织购买过程中信息的搜集和使用。Sheth 指出，在联合决策过程中一个重要的因素是"信息的同化，对信息的审议，以及大多数联合决策所包含的结果"。与此同时，由于团队成员之间不可避免的利益分歧，冲突的解决对于联合决策非常重要。

五、购买中心的影响因素

Webster、Wind（1972）将购买中心的影响因素总结为四个方面：购买因素、组织因素、个人因素和环境因素。

Johnston、Bonoma（1981）调查了组织在购买资本设备和购买服务过程中购买中心的结构呈现的不同特征。具体体现在：（1）参与购买资本设备的采购中心比购买服务的采购中心要广泛得多。（2）通常对于服务购买，较少的部门参与采购。（3）对于资本设备的采购，采购中心的深度要大得多。（4）参与服务购买的采购中心的连接范围大于资本设备。换句话说，参与购买服务的团体往往比参与资本设备的团体联系更密切。（5）两类采购中，采购经理的中心地位没有显著的差异。

除产品类型以外，购买种类（buyclass）、购买的重要性、复杂性、不确定性、组织规模、组织结构和组织行为特征等都会对组织购买中心的结构特征产生影响（Jackson Jr.，Keith，Burdick，1984；Lau，Goh，Phua，1999；McCabe，1987；McQuiston，1989；Moriarty Jr.，Spekman，1984；Spekman，Stern，1979；Y. P. Wind，Thomas，1980），并且，Johnston and Bonoma（1981）通过实证对比了购买特征和组织特征对组织购买中心网络结构五个维度的影响。结果显示，组织变量和购买情境对购买中心网络结构均有显著影响，并且购买情境比组织因素对购买中心的影响更强。

Robinson（1967）的购买格子（Buy Grid）模型最早考虑到了不同购买特征存在不同购买过程，他提出三种不同的购买情境——新任务、修正的再购买、直接再购买——下组织购买过程的阶段上存在差异，从而进一步解释了购买中心的购买过程。

表 2.6 购买格子模型

购买阶段	购买种类		
	新任务	修正再购买	直接再购买
1. 预测并认定需求，制定对策	——	——	
2. 确定所需物品及数量	——	——	
3. 描述所需物品的特性和数量	——	——	
4. 寻找并认定潜在的供货渠道	——	——	

续表

购买阶段	购买种类		
	新任务	修正再购买	直接再购买
5. 接受并分析供应商的建议	——	——	——
6. 评估建议，选择供应商	——	——	——
7. 选择订购方式	——	——	——
8. 反馈意见并评估	——	——	——

"——"这一符号在阴影部分表示通常相关，没有阴影部分表示可能相关。

资料来源：Robinson et al.（1967）

除了购买情境外，购买不同的产品，购买中心也呈现不同的购买过程。Verville、Halingten（2003）通过对四个企业购买 ERP 服务的过程案例分析，提出了企业购买 ERP 软件的过程模型。Van der Valk、Rozemeijer（2009）则讨论了组织购买商业服务的过程。

购买决策的重要性（Hill，1972）、产品的复杂性（Johnston，Bonoma，1981）、需求的不确定性水平（Hillier，1975）、突然的需求 vs 重复的需求（Grønhaug，1976）、高科技与低科技产品的对比（Djeflat，1998）、供应商的风险（Hunter，Kasouf，Celuch，Curry，2004）、面对面购物与网上购物（Schoenherr，Mabert，2011）以及合作竞争（Rajala，Tidström，2017）等购买情况都会影响购买中心的购买过程。

组织特征也是购买中心影响研究侧重的因素之一（Johnston, Lewin, 1996）。组织特征具体包括了组织规模（Bellizzi, 1981）、组织类型（Crow, Lindquist, 1985）、组织结构（Johnston, Bonoma, 1981）、组织奖励（Anderson, 1985; Morris, 1983）组织文化（Järvi, Munnukka, 2009a）、组织氛围（Qualls, Puto, 1989）甚至组织记忆（Eun Park, Bunn, 2003）等方面。

影响组织购买的个体特征是指购买中心成员的个人特征，包括教育背景（Crow, Lindquist, 1985）、购买目标（Banville and Dornoff, 1973）、组织职位（Ronchetto Jr., Hutt, Reingen, 1989）、风险偏好、风险感知、角色压力、领导风格等方面（Brown, Zablah, Bellenger, Donthu, 2012; Puto, Patton Iii, King, 1985）。

最后，环境因素也会影响组织购买（Upah, Bird, 1980）。环境影响包括物理（地理、气候或生态）、技术、经济、政治、法律和文化因素。近年来，环境因素对组织购买行为的影响大多集中在市场上供应商的数量（Ghosh, Dutta, Stremersch, 2006; Homburg, Kuester, 2001; Hunter, Bunn, Perreault Jr.,

2006； Kauffman， Leszczyc， 2005）、技术变革（Osmonbekov，Johnston，2018）、新兴市场以及跨文化（Bachkirov， 2019）对组织购买行为的影响。

相关研究还发现，购买中心的结构是动态的，即购买中心的结构会随着购买过程的不同阶段，呈现出不同的变化。购买中心的部分成员会参与一些子决策阶段，而不参加其他阶段，成员之间的相对影响力经常从一个购买活动转移到下一个。与此同时，研究还发现了购买过程的早期阶段（即需要确认、购买的描述和规格说明）往往比后期阶段（供应商资格和联系、供应商建议和分析）涉及更广泛。（Dowling， 1994； Ghingold，Wilson， 1998； Lilien， Wong， 1984； Lynn， 1987； McWilliams， Naumann，Scott， 1992）。

根据影响因素和购买过程，Järvi、Munnukka （2009a）还识别了五种不同的购买中心的结构类型：

（1）专家，内向型非正式网络（expert，inward-oriented informal networks）。

（2）广泛的、专业的，面向内部的正式网络（extensive，specialist and inward-oriented）。

（3）广泛的、更多的管理和向外的合作网络（extensive， outward and more management-oriented co-operative networks）。

（4）以规范为导向的管理和以责任为导向的合作网络（specification-oriented management and responsibility-led co-operative networks）。

（5）以管理为主导、以专家为导向的多用途网络（management-led specialist-oriented versatile networks）。

第三节　团队社会网络相关研究

一、团队的概念和类型

随着经济全球化的快速发展，行业竞争日益激烈，产品生命周期逐渐缩短，顾客需求呈现多元化趋势，团队因其能提升组织灵活性和反应能力等特点，被越来越多的组织采用以应对外部挑战，进而构建与维持竞争优势（Chung，Jackson， 2013）。从20世纪八九十年代开始,学术界开始研究关注团队这一组织形式。团队的定义众说纷纭，团队的类型也各式各样。Cohen and Bailey （1997）识别出组织中四种类型的团队，分别是工作团队、平行团队、项目团队和管理团队。

此外，还有科研团队、研发团队、创新团队以及创业团队等不同的团队类型。以下是国内外学者对团队及不同类型团队相关概念的观点整理。（表 2.7）

表 2.7 团队及不同团队类型的概念

概念	主要观点	学者
团队	团队是一组个体的集合，这些个体在各自的任务中相互依赖，他们为结果分担责任，他们视自己和他人为嵌入一个或多个更大的社会系统（例如，业务单位或公司）的完整的社会实体，以及跨组织边界管理人际关系的人	Cohen and Bailey （1997）
团队	为了共同的目的、业绩目标而相互承担责任、互补技能组成的群体	Katzenbach J.R （1999）
团队	由一些才能互补并为负有共同责任的统一目标和标准而奉献的人员集合	Drucker Peter （2000）
团队	具有活动多样性、目标统一性、成员多元性等方面具有不同的表现情形的组织	Kozlowski，et al （1999）
团队	基于相同或相似的目标从而实现人员之间的资源共享	陈尚义和吴秋明（2006）
工作团队	团队是大多数人在讨论团队时想到的团队类型。工作小组是负责生产商品或提供服务的持续工作单位。他们的成员通常是稳定的，通常是全职的，并且定义明确	Cohen （1993）
平行团队	平行团队将来自不同工作单位或工作的人员聚集在一起，以执行常规组织无法胜任的功能。	Ledford Jr.，Lawler Iii，and Mohrman （1988）
项目团队	项目团队是有时间限制的。它们产生一次性的产出，如公司销售的新产品或服务、新信息系统或新工厂	Mankin，Cohen，and Bikson （1996）
管理团队	管理团队协调并向其管辖下的子单位提供指导，横向整合跨关键业务流程的相互依赖的子单位	Mohrman，Cohen，and Morhman Jr. （1995）
科研团队	以创新绩效为导向的知识密集型团队	郑小勇和楼鞅（2009）
研发团队（R&D）	产生创意并实现创意的以创造新技术、新产品或新服务等基本活动的基层单元	Thamhain （2003）
创新团队	由高素质创新人员组成的正式群体，受到高层支持，它跨越了企业内部的部门限制，有着共同的特定的创新目标	张小晖 （2012）
创业团队	创业团队是由拥有一定股权，且积极参与新企业创办或新企业成长管理的两个或两个以上个体组成的特殊群体。该群体成员富有极强的创业精神，为实现共同的创业愿景，按照角色分工相互依存地协同合作，共同参与决策制定与实施，共担创业风险以及共享创业收益	周建林 （2017）

资料来源：作者根据文献整理

Robinson et al.（1967）将组织购买中心（buying center）定义为组织中所有参与特定产品或服务的购买过程的成员。在购买中心里，来自不同部门、不同层级的人员需要相互沟通，共享信息，联合决策，从而实现购买决策的最优化。从这个定义上来看，购买中心也属于团队的一种类型——平行团队类型。

二、团队社会网络的定义和形态

团队社会网络是团队成员之间以及团队成员与外部相关行动者因正式或非正式联结所形成的网络关系结构（Adler，Kwon，2002）。团队社会网络联结相对于个体网络更为复杂，是团队成员之间共同认知、情感支持、知识交换的渠道，也是与团队之外其他行动者交换信息、资源的途径（臧祺超，曹洲涛，陈春花，2020）。

企业组织可以分为三个层次（表2.8），最基层的为员工个人，第二层为部门或团队，第三层为企业组织，企业整体外部为其经营环境。若视企业为"个体"，则其于环境中的关系连接即为其外部社会网络，而其内部各部门之间及个人之间的关系连接，则为内部社会网络。若视部门或团队为"个体"，则个别部门或团队内部成员间的连接为其内部社会网络，而部门和部门之间的连接，或者团队和团队之间的连接，为部门的外部社会网络。若以个别员工为"个体"，则员工之间的关系连接为个别员工的外部社会网络，而个人已是最基本的单位，因此，并无员工个人的内部社会网络（袁晓婷，2010）。

表 2.8　内部社会网络与外部社会网络研究层次

层次	内部社会网络	外部社会网络
组织	组织内部门间或个体间网络	组织间网络
部门（团队）	部门（团队）内个体间网络	部门（团队）间网络
员工个人		个体间网络

来源：袁晓婷（2010）

除了划分团队内部社会网络和外部社会网络，团队社会网络还划分为不同的关系形态。

Monge（1987）提出了社会网络中可以将社会网络关系形态分为以下几类：表达感情，试图施加影响，信息交换，实物和服务的交换。

Krackhard and Hanson（1993）将团队社会网络分为三种：第一，咨询网络，主要体现为行动者在工作中咨询他们或指导他人的范围大小；第二，情感网络，主要体现为员工之间以交流感情为主的关系；第三，情报网络，体现为员工就正式或非正式情报向他人传递或者询问。

Ibarra（1993）在此基础上，进一步将团队社会网络细分为沟通网络、建议网络、支持网络、影响网络和友谊网络这五种形态。

Torenvlied and Velner（1998）则基于 Ibarra（1993）的研究，对团队社会网络关系提出了下列分类：第一，工具关系，基于短期目标进行合作和相互作用；第二，权威关系，基于权利和影响力；第三，朋友关系。

Sparrowe，Liden，Wayne 和 Kraimer（2001）则将团队社会网络划分成咨询网络（advice network）和阻碍网络（hindrance network），并如此来研究团队网络的关系形态。咨询网络主要是指为了完成工作，员工互相分享诸如信息、援助和指导等资源而形成的网络。阻碍网络是指产生消极关系的团队网络，即在该网络中存在干扰、威胁、蓄意破坏和拒绝等行为以及由不良情绪等导致的相关不利行为。

Venkataramani，Zhou，Wang，Liao 和 Shi（2016）指出，团队社会网络可以划分为工作流程网络（workflow network）、友谊网络和规避网络（avoidance network）三类。

总结以往研究可知，学者们对团队社会网络的形态划分尚未取得完全一致的认识，但总体而言，团队社会网络可以概括为工具型网络（instrumental network）和情感型网络（expressive network）两大类。前者指团队成员在完成工作任务的过程中构建并维持的正式网络，后者是基于社交、共同的个人兴趣以及与工作职责没有直接关系的频繁互动形成的非正式关系网（Parise，Rollag，2010；Roberson，Williamson，2012）。本研究在考虑购买中心的网络层次和形态的时候，主要针对购买中心的内部网络以及购买中心的工具型网络展开论述。

三、团队社会网络的分析视角和测量

依据社会网络分析层面的不同，Kilduff 和 Tsai（2003）指出，社会网络分析包含个体网络和整体网络两个分析视角。个体网视角下的社会网络研究聚焦于行动者个体层面，旨在分析以行动者为中心的社会网络如何影响行为及绩效等；整体网视角下的社会网络研究着重探讨既定边界内的整体网络特征如何影响行为及绩效（Provan，Fish，Sydow，2007）。

团队社会网络的研究同样可以围绕整体网视角与个体网视角展开，前者聚焦于团队内部成员因互动而形成的社会网络，着重探讨团队内部整体网络的结构特征对团队效能的影响（Henttonen，2010；Jia，Shaw，Tsui，Park，2014）；后者则关注以团队某一成员为中心的社会网络抑或以特定团队为中心的外部社会网络对团队成员或团队本身行为及绩效的影响（Carboni，Ehrlich，2013；Chung，Jackson，2013）。

整体网视角下的团队社会网络研究主要从规模、网络密度、网络中心势、层级结构、核心边缘结构、结构对等性、派系等指标来进行测量。个体网视角下的团队社会网络的结构特征主要采用中心性、结构洞、网络范围、连带强度等指标

（彭伟，金丹丹，朱晴雯，2017）。具体如表 2.9 所示。

本研究主要是从整体网视角去分析奖励旅游购买中心的社会网络关系。

表 2.9　不同视角下团队社会网络测量指标

研究视角	测量指标	具体内涵
整体网	网络规模 （network size）	网络中节点的数量
	网络密度 （density）	用以衡量网络中各个节点之间联系的紧密程度，用网络成员的现有关系相对于每个成员都彼此联系的关系总数的比例来测量。团队内部联系越多，网络密度就越大。如果团队成员内部彼此之间都存在联系，则网络密度为 1；如果团队成员相互孤立，则网络密度为 0
	网络中心势 （centralization）	用于反映整体网络的集中程度，即团队内部的互动联系是集中于一个或少数团队成员，还是均匀分布于所有成员。计算网络中心势通常需要首先计算最大节点的中心度与网络内其他节点中心度的差值总和，然后除以理论上最大可能的差值总和。也有一些学者用团队成员程度中心性指数的离差来测量网络中心势
	层级结构 （hierarchical structure）	表征了关系有序的程度，一般由身份或威望来决定。计算网络的层级结构时，通常先运行 UCINET 软件来对分网络矩阵，然后运行层级常规性程序来测量具体数值
	核心边缘结构 （core-periphery structure）	主要用于识别网络中密集的具有内聚性的核心以及松散的不连通的边缘。核心行动者之间联系紧密，构成凝聚子群；处于边缘地位的行动者之间存在较少或不存在平行关系，但他们与核心行动者之间存在关系
	结构对等性 （structural equivalence）	网络中两个行动者与其他行动者具有同等的关系，通过计算成对行动者之间的欧式距离为 0，则两者结构上完全对等。也有学者利用皮尔逊相关系数测量行动者之间的相似程度，其数值越大，说明行动者在结构上越对等
	派系 （clique）	派系是 3 位及以上相互联系的节点子集，其中任何点对都由一条直线直接相连，且该派系是建立在强连带的基础上
个体网	程度中心性 （degree centrality）	焦点节点在网络中处于中心位置的程度。具体包括入度（indegree centrality）和出度（outdegree centrality）。入度是指向焦点节点的来自其他节点的纽带数量（即，一个节点拥有的传入纽带数量），出度是指焦点节点发送给其他节点的连接数（即一个节点拥有的传出连接数）
	中介中心性 （betweenness centrality）	焦点节点位于网络中其他节点之间最短路径上的程度（即其他节点必须通过该焦点节点才能相互到达的程度）
	特征向量中心性 （eigenvector centrality）	一个焦点节点与其他自身连接良好的节点连接的程度
	结构洞 （Structural holes）	一个节点与其他没有连接的节点之间的连接范围。在实践中，这个结构可以通过各种测量来衡量，包括网络约束（Burt，1992）、中介中心度和自我网络密度（衡量个体节点直接联系的稀疏性）。

续表

研究视角	测量指标	具体内涵
个体网	网络范围 （network range）	主要用于以特定团队为中心的社会网络研究中，反映团队与其他团队的联系程度，通常用团队能够依赖不同外部团队的数量来计算
	连带强度 （tie strength）	用于解释节点之间互动行为的强度，可分为强连带和弱连带。连带强度测量指标主要包括行动者之间的联系频率和关系的亲近程度。团队外部网络连带强度主要反映团队成员的外部关系的平均连带强度，通常首先要计算每个团队成员的连带强度，其次汇聚到团队层次，最后，除以团队成员数量来测量（Chung，Jackson，2013）。
	网络效率 （network efficiency）	用于反映不同网络之间的连通程度。高效的团队网络结构往往连接着互不连通的行动者，进而保证团队有更多自主权来获取多样的、非重复的信息。

来源：根据彭伟等人（2017）进行补充

四、团队社会网络分析理论基础

1. 网络结构理论

这一理论的主要代表有怀特、格兰诺维特、林南等。怀特是社会网络分析的奠基人之一，不仅领导哈佛研究人员探索了社会结构的数学依据，而且他的"机会链"理论解释了内部劳动力市场的升迁现场，引发了后人利用网络结构解释具体社会行为的探索。网络结构理论把人与人、组织和组织之间的纽带关系看成一种客观存在的社会结构，分析这些纽带关系对人或组织的影响。该观点认为，任何个体（人或组织）与其他个体之间的关系都会对个体的行为产生影响。

2. 弱关系力量假设与强关系理论

格兰诺维特对社会网络分析的贡献十分突出，他提出的"弱连接优势"理论将人与人、组织与组织之间的关系分为强连接和弱连接，强关系容易导致企业间建立和发展信任，便于高质量信息和隐含经验知识的交换，弱关系会导致新信息的交换。该理论认为有效社会平衡不会从牢固的内部连接网络中形成，而是从个体间偶然的弱联系中产生。

3. 嵌入性理论

嵌入性也叫根植性。这一观点对于社会网络结构分析的发展有巨大的推动作用。波拉尼提出，人类的经济活动是嵌入在制度之中的。格兰诺维特认为经济行为嵌入社会结构，而核心的社会结构就是人们生活中的社会网络，嵌入的网络机制是信任。信任来自社会网络，信任嵌入社会网络之中，而人们的经济行为也嵌入社会网络的信任结构之中。信任的获得和巩固需要交易双方长期的接触和交流以达成共识。

4. 社会资源和社会资本理论

林南在发展和修正格兰诺维特的"弱关系力量假设"时，提出了社会资源理论，认为社会资源是与社会网络联系在一起的，那些嵌入个人社会网络中的社会资源——权利、财富和声望等，并不为个人所直接占用，而是通过个人的直接或间接社会关系来获取。个体社会网络的异质性、网络成员的社会地位、个体与网络成员的关系力量决定着个体所拥有的社会资源的数量和质量。

和其他资本形式一样，社会资本是生产性的，是否拥有社会资本，决定了人们是否可能实现某些既定的目标。但社会资本与其他形式的资本的差异主要表现在，社会资本存在于人际关系的结构之中，它既不依附于独立的个人，也不存在于物质生产过程中。

5. "结构洞"理论

伯特提出"结构洞"的观点，认为关系强弱和社会资源、社会资本的多少没有必然的联系，起决定作用的是网络中的位置，谁占据连接两个无关系点（意味着存在结构洞）的位置上，谁就拥有信息和控制优势。伯特用结构洞理论研究了劳动力市场的升迁问题，证实了拥有较多社会结构上中介位置的人确实较易得到升迁。伯特的贡献还在于，从分析单元（个人、群体）和分析方法（关系分析和位置分析）两个维度总结出一个典型的网络分析模型。

第四节　团队过程和团队绩效

一、团队过程的概念和维度

团队决策已经成为企业组织中常见的决策方式，团队决策是成员之间互动的非线性动态过程（郎淳刚，席酉民，2007）。基于团队决策的特征，学者们提出了团队过程或是团队运作过程的概念。有关团队过程的定义，目前在理论界尚未形成共识。Robey、Farrow 和 Franz（1989）较早对团队过程进行了详细的解释，认为团队过程是团队成员之间以及成员和外部之间的交流、沟通、协调、讨论甚至争论的互动行为过程。Marks、Mathieu 和 Zaccaro（2001）认为团队过程是为达到团队的整体目标，团队成员之间相互依赖的行动。它通过认知的，语言的、动作的方式将输入转化为结果。周海燕（2007）将团队过程定义为团队是"怎样"取得其结果的，包括计划过程、行动过程和人际过程。项凯标、周建波和程贞敏（2013）则认为团队过程是团队成员为了共同目标所进行的互动与协同过程，其与普通人际交往的最大区别是团队成员为完成共同的目标而进行的相关认知、交流和其他行为等。

除了界定团队过程的概念，国内外学者还对团队过程构成维度的研究取得了一系列的成果，但尚未形成一致的观点与看法。

McGrath（1984）提出，团队过程包括工作交往任务和社会情感交往任务等两个维度，其中工作交往任务的目的有助于顺利完成团队工作，而社会情感交往任务的目的则在于形成和谐的团队生活。Barrick、Stewart、Neubert 和 Mount（1998）等开发出了一个由五个维度（接受建议、给出建议、协作、协调和团队精神）组成的测量团队过程的量表。张平（2006）认为团队过程应包括权利结构、团队冲突、团队目标和团队整合等因素。王海霞（2008）提出，团队过程包括信任、冲突、沟通、凝聚力、团队学习和团队互动等维度。林绚晖、卞冉、朱睿和车宏生（2008）提出，将团队过程包括沟通、协调、冲突、凝聚力和团队信念等五大变量。曹仰锋（2011）用凝聚力、信任、认同感、目标承诺、合作和创新等变量来描述团队过程。项凯标 et al.（2013）等用沟通、协调、冲突和凝聚力等四个维度来衡量团队过程。

与此同时，Hambrick（1994）提出用行为整合的概念来研究团队过程，将团队运作过程中的行为归纳为三个关键要素：团队合作行为的水平、信息交换的质量和数量、对联合决策制定的强调。Simsek、Veiga、Lubatkin 和 Dino（2005）从合作行为、信息交换和联合决策三个方面对团队的行为整合进行了研究，并开发出经典量表。马可一（2005）验证了高管团队行为整合包括合作行为、信息交换和联合决策三个维度，并通过实证研究得出高管团队的行为整合对组织绩效有促进作用。孙海法、刘海山和姚振华（2008）认为团队的行为整合应包括沟通频率、信息分享充分性、决策参与、合作行为四个维度。姚振华和孙海法（2009）提出了高管团队行为整合构念的内部结构，揭示了决策参与、开放沟通和团队合作等三个维度。郭然、刘兵和李媛（2013）则将权利分散、有效沟通、信息共享和联合决策加入团队运作过程中。

二、团队绩效的概念和测量

团队绩效没有单一、统一的衡量标准。Cohen 和 Bailey（1997）认为团队绩效包括在组织环境中重要的各种结果。因此，团队绩效的维度可以包括：第一，效益指标，例如效率、生产力、反应时间、质量和创新等指标；第二，成员态度，态度性指标包括员工满意度和承诺等；第三，行为结果，行为性指标可能包括旷工或离职等。

购买中心的团队绩效通常是指采购绩效。采购绩效是企业竞争力的重要决定因素。采购在企业内起着连接企业内部客户与供应商桥梁的作用，企业采购绩效的提高意味着客户满意度的提升、企业利润的提高以及产品或服务质量等的提高。然而，如何有效地测量采购绩效，至今尚未形成定论（卢宏亮 & 李桂华，2013）。

Sources（2005）对跨国公司进行了调查，认为采购绩效评价可以从效益和效率两个方面进行评价，涉及采购价格与成本、采购产品和质量、采购物流、采购组织等四个方面的评价指标。Kenneth（2001）等将采购绩效评价定位为"在规定的时间内，从数量和质量上来评价采购的经济性、效率及与企业目标的一致性"等。但是以上定义只是从企业层面、客观的角度对采购的"硬性"绩效（所购产品能够在数量上、质量以及适时性上达到要求）进行的评价，并没有涉及购买中心成员的满意度、参与意向以及个人成长等"软性"绩效（Yang，Alejandro，Boles，2011），而这些软绩效在多阶段、多目标的企业间购买活动中具有重要意义，它决定了购买中心成员是否有动力去参与未来的购买决策。

三、团队社会网络与团队过程和团队绩效的关系

大量的实证研究证明，团队社会网络对团队过程有影响，特别是绝大多数的研究表明，团队网络中的密度是影响团队的重要因素，只是相关研究结论仍旧存在分歧。部分学者认为，稠密的团队内部网络能够使得团队成员联系紧密，促进资源在团队成员之间合理流动，进而提高团队绩效（Reagans et al.，2004； Lin et al.，2005； Mehar et al.，2006； Grund，2012）。Wasserman and Faust（1994）指出，网络密度是网络中成员间彼此互动的联系程度，即团队成员彼此互动的平均程度。网络密度值越高，成员的互动程度也越高，就会增加信息资源的交换，利于知识共享，交换意见，增加团队的信任。反之，网络密度值越低的话，网络中缺少互动导致沟通困难，就会出现信息不对称和资源浪费，很有可能会对团队过程产生不良影响。Balkundi and Harrison（2006）通过研究发现，有着高连接

密度构型的团队可以更好地完成目标，同时他们也比网络稀疏的团队更容易连接在一起。连接密度越高，则有更多的信息交换，有更多的合作与交流，对于目标则有一致性的预期，也有利于形成较强的凝聚力，增进知识的流通与共享。胡秋明（2012）的实证研究结果表明了网络密度同人际冲突没有影响，网络密度同沟通、凝聚力有着显著的正向关系。同时，还有研究指出，密度较高的团队沟通网络和团队友谊网络会增强成员彼此间的信息交换，提高团队成员的共同认知，进而对团队安全感知产生积极影响。

但是也有部分学者认为，团队网络密度较大时，团队成员之间的互动频繁，易产生冗余的资源，从而使得团队绩效降低。例如 Sprrowe（2001）通过对 38 个工作团队的实证研究发现，阻碍网络密度与团队绩效负相关；Kartzer（2008）的研究表明，团队内部问题解决网络密度与意识网络密度越高，团队创造力越低。

还有学者认为，团队内部网络过于稠密或者过于稀疏，都可能导致团队产出的降低。因为过高的团队网络密度，团队成员沟通过于频繁，易于产生冗余资源，那么团队成员之间观点趋同；过低的团队网络密度，团队资源在成员之间的共享程度较低，会降低团队绩效。Leenders 等（2003）证实了团队内部沟通网络的密度与团队创造力呈倒 U 型关系；Balkundi（2007）的研究也发现了团队内部的友谊网络处于适度水平时，团队绩效达到最高。当然，也有研究证明团队网络密度对团队影响不大。丁楠（2010a）探讨了高管团队社会网络与团队运作过程的关系，结果表明，高管团队网络密度对团队信任、团队冲突均无影响。

除了网络密度，团队网络的中心势对团队有重要的影响，但相关结论也是尚未达到一致。部分学者认为，团队网络中心势越高，越不利于提升团队效能。因为较高的网络中心势意味着团队成员间的互动集中在某个个体身上，这就意味着团队其他成员之间的沟通不足，会损坏团队产出。例如 Sprrowe（2001）基于 38 个工作团队的调查研究就发现，团队内部成员之间的咨询网络中心势与团队绩效负相关；Leeders（2003）以 44 个新产品研发团队为研究样本，实证结果表明研发团队成员之间的沟通网络中心势对团队创造力有显著的负向影响；Grund（2012）在对 23 个球队成员之间的社会网络进行深入调查的基础上，也证实了团队内部网络的中心势越高，团队绩效越差。

但是与上述结果不同，有的学者研究发现，团队内部联系集中于少数个体，有利于团队资源在成员之间的合理配置，进而提升团队效能，也就是说，团队内部网络的中心势与团队有效性具有正相关关系。例如 Lin 等（2005）研究发现，与工作相关的团队网络中心势与团队绩效正相关；Wong（2008）的实证研究验证了咨询网络的中心势有利于提升团队的有效性；丁楠（2010）的研究则验证了网络的群体中心性能够增强团队成员之间的信任，并能够降低团队情绪冲突。

为了调和上述两类研究结论的不一致性，有学者认为，过高或者过低的团队社会网络中心势都会带来较低的团队产出，团队社会网络中心势与团队绩效之间呈现倒 U 型。其原因在于，团队内部成员之间的网络中心势过高会引起团队资源分配不均匀，此时团队成员易产生不公平感，这不利于团队产出的提升；然而，如果团队内部成员之间的网络中心势过低，团队成员之间的互动几乎均匀分布于团队之中，容易导致团队成员产生懈怠心理，进而损害团队效能。Troster 等（2014）基于 91 个学生团队的实证调查研究，同样证实了团队内部成员之间工作流程网络的中心势与团队绩效成倒 U 型关系。也有学者认为，不同类型的团队网络中心势的作用结果存在差异，Zohar 和 Tenne-Gazit（2008）研究发现团队的沟通网络中心势对团队的安全氛围强度具有负向影响，而团队的友谊网络中心势则有助于团队安全氛围强度的增强。

除了团队密度和团队网络中心势之外，其他团队网络结构特征也会对团队产生一定的影响。Cummings 和 Cross（2003）基于一家全球企业的 182 个工作团队的实证调查研究发现，团队内的核心 - 边缘结构、层级结构对团队绩效都有显著的负向影响；Lin 等（2005）通过对 45 个项目团队的调查研究发现，结构对等的块的数量对团队绩效存在显著的正向影响。Luo（2005）认为，当咨询网络由完全连同的派系形成时，团队绩效可能会达到较高的水平。袁晓婷（2010）通过调查发现，团队结构洞指标与团队成员知识分享行为之间呈倒 U 型关系。

从 20 世纪 90 年代开始，学者们重视研究团队过程及其对团队绩效的影响。Amason（1996）提出为了提高团队的绩效，善于利用冲突的管理团队可能会取得更好的绩效。Mooney（2000）设计了行为整合的研究变量，将行为整合概念操作化，并研究了行为整合对企业绩效具有重要的影响。Stewart 和 Barrick（2000）的研究表明，团队互动过程是团队绩效的重要影响因素。Michalisin、Karau 和 Tangpong（2004）验证了行为整合变量对企业绩效有显著的正向影响。Carmeli 和 Schaubroeck（2006）探讨了高管团队的行为整合对战略决策质量的解释力以及对企业衰落的影响。Nembhard 和 Edmondson（2006）的研究表明，高管团队行为整合对组织决策的质量有显著的正向影响。学者马可一（2005）验证了高管团队行为整合包括合作行为、信息交换和联合决策三个维度，并通过实证研究得出高管团队的行为整合对组织绩效有促进作用。肖久灵（2006）认为团队过程应该包括沟通、冲突、合作、团队氛围、领导等因素，并提出了这些因素影响了团队效能和企业绩效。丁楠（2010a）验证了团队冲突对组织绩效的负向影响。项凯标等人（2013）认为团队过程包括团队沟通、团队协调、团队冲突和团队凝聚力，团队过程和组织绩效正相关。荣鹏飞（2015）在对科技型企业高管团队的研究中发现，高管团队行为整合对技术创新有显著的正向影响。

第三章　奖励旅游购买中心决策行为研究

第一节　研究设计

由于本研究通过已有文献的梳理并没有发现完整的奖励旅游购买中心决策行为，也没有购买中心社会网络与决策过程、绩效之间明确的解释路径和理论假设，因此，本研究将参考质性研究中扎根理论的研究思路，从原始资料中对奖励旅游购买中心成员进行一对一的深度访谈，归纳出奖励旅游购买中心的决策行为机制，为奖励旅游购买中心社会网络、决策过程和绩效之间的关系研究提供理论模型。

奖励旅游购买中心决策行为的研究，使用质性研究方法。与既有的质性研究相一致，本研究依据理论抽样的原则进行访谈对象的选择。理论抽样作为一种非随机抽样范式，其目的是选择与研究问题相关的样本。由于受全世界范围内新冠疫情的影响，很多企业近一两年内并未组织奖励旅游或者只组织了小范围内的奖励旅游。因此，本研究所选取的样本对象为近五年内有组织奖励旅游的企业。

质性研究中，通过访谈来进行数据的收集是一种重要的方式。为了更全面地了解奖励旅游购买中心的决策行为，本研究拟定访谈提纲对研究对象进行访谈。编制访谈提纲遵循以下四个步骤：首先，回顾和梳理大量的相关文献后，按照紧扣主题、表述清晰、客观呈现、循序渐进的原则，编制初步的访谈提纲；其次，为了确保访谈提纲编制的科学性、有效性，邀请了三名专家对初始提纲进行修改；再次，对一家有组织奖励旅游企业的相关负责人进行了预访谈，并对出现的问题做了相应调整；最后，经过专家修正和预访谈后，形成了最终的访谈提纲（表3.1）。

表 3.1　访谈问题列表

题号	访谈问题
1	贵公司奖励旅游的对象是哪些群体？
2	贵公司使用奖励旅游的目的是什么？
3	贵公司是如何组织奖励旅游的？
4	哪些因素会影响贵公司奖励旅游的组织？
5	奖励旅游给贵公司员工和企业带来哪些效果？

与此同时，本研究在数据分析的过程中遵循扎根理论的指导，因为"它在发展基于上下文的过程导向的描述和解释组织现象方面是非常有用的"（Myers，1997）。本研究旨在回答奖励旅游购买中心的决策行为，构建奖励旅游购买决策行为机制，研究范式带有理论建构的性质，而且奖励旅游是组织市场和旅游市场融合而成的产品，具有双重情境。回顾和梳理国内外的文献后发现，奖励旅游的研究虽然较为丰富，但是奖励旅游购买中心作为一个购买团队的相关研究较为少见，因此，选择扎根理论方法研究更为合适。

作为一种方法论，扎根理论是由美国社会学家 Glaser 和 Strauss 在 20 世纪 60 年代共同发展起来的，它是社会科学中被广泛接受的定性研究方法（Corbin，Strauss，2008；Strauss，Corbin，1994；Strauss，Corbin，1997）。扎根理论为数据收集和分析提供了程序（Martin，Turner，1986），并且它是一种有用的编码技术（Myers，2013）。不过，两位联合创始人对扎根理论的本质有不同的理解，尤其是编码过程。Corbin 和 Strauss（1990）将编码过程分为开放编码、轴向编码和选择性编码，而 Glaser（1992）提出了开放性、选择性和理论性编码。本研究主要采用 Corbin 和 Strauss 的编码方法。

扎根理论的分析过程主要分为三个步骤：第一，分析收集到的原始资料并将其初步概念化；第二，在初步概念化的基础上再次概念化，并进一步抽象化；第三，将上一步得到的概念进一步抽象、归纳、提炼、梳理出主范畴，并从中甄别出核心范畴。具体如图 3.1 和图 3.2 所示。

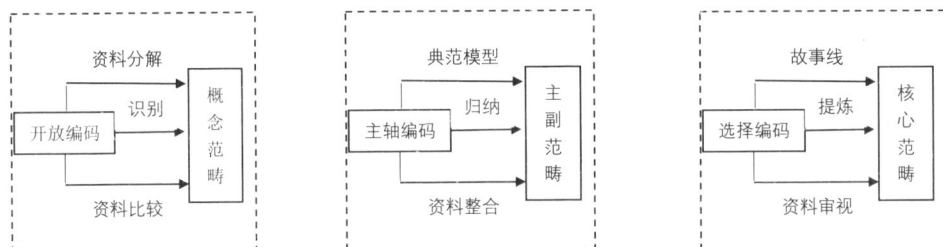

图 3.1　扎根理论的研究思维框架

资料来源：转自李文博，林云，张永胜（2011）

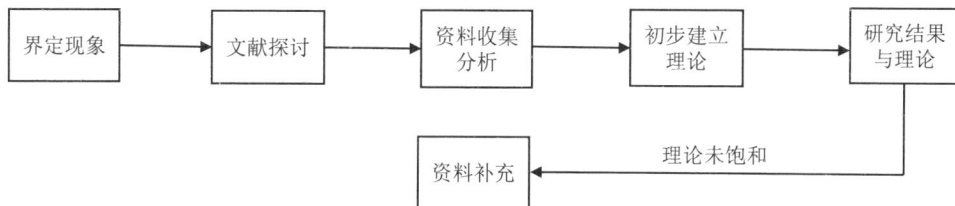

图 3.2 扎根理论的操作程序

资料来源：pandit（1996）

第二节 数据收集

本研究的样本选择对象是近五年内组织奖励旅游的企业，访谈对象则是该企业组织奖励旅游的负责人。不同企业组织奖励旅游的负责人有所不同，有的是人力资源总监，有的是工会主席，还有的是所谓的综合办主任或旅游部经理，等等。访谈对象中有的是研究者自己的直接关系，有的则是同学、朋友、亲戚或者是旅行社、DMO 公司业务人员的引荐。为了避免样本的同源偏差，在对候选企业的信息事先了解的情况下，尽量选择不同行业、不同规模和性质的企业进行访谈。

访谈的过程持续了 3 个月，从 2021 年 9 月到 2021 年 11 月，包括了两轮的访谈。第一轮访谈开始于 2021 年 9 月 9 日，结束于 2021 年 9 月 30 日，共有两位受访者参与，其中一位是预访谈对象，数据的分析基于这两份受访者的访谈记录。第二轮访谈开始于 2021 年 10 月 1 日，结束于 2021 年 11 月 30 日，另有 13 位受访者参与。为了保持数据收集和数据分析的质量，对访谈问题、访谈提纲以及调查进行了微调，即第二轮受访者数据收集阶段的访谈问题和数据分析阶段的编码节点在第一轮结果的基础上进行了微调。因此，本文的数据收集和数据分析并不是一次性完成的，而是逐步修改完成的。最后，一共 15 位受访者参与了访谈，他们都是参与了奖励旅游购买决策的相关人员。访谈的时间为 27 分钟到 50 分钟不等，平均为 38 分钟。受访企业的概况如表 3.2 所示。

表 3.2 受访企业的基本信息

编号	企业名称	行业类别	企业性质	受访部门	受访时间	访问方式
P1	厦门惠和股份有限公司	古建修缮文化旅游	民营企业	旅游部	35 分钟	面对面访谈
P2	恒生银行厦门分行	银行	外资	人力资源部	45 分钟	面对面访谈

续表

编号	企业名称	行业类别	企业性质	受访部门	受访时间	访问方式
P3	骷髅音响（深圳）有限公司	电子	美资	工会	32 分钟	电话访问
P4	安踏集团	体育用品	民营企业	人力资源部	49 分钟	面对面访谈
P5	厦门市思明区新东方教育培训学校	教育培训	民营企业	人力资源部	50 分钟	面对面访谈
P6	兴业证券厦门分公司	证券投资金融产品	国有控股	综合部	39 分钟	电话访谈
P7	极致方圆传媒有限公司	媒体、广告	民营企业	行政部	45 分钟	面对面访谈
P8	厦门沽晟特商务管理有限公司	商贸	民营企业	行政部	27 分钟	面对面访谈
P9	海南中旅酒店集团管理公司	酒店	央企	工会	29 分钟	电话访谈
P10	友邦保险北京分公司	保险	美资	市场部	38 分钟	电话访谈
P11	安发国际控股集团	保健品	民营企业	市场部	40 分钟	电话访谈
P12	福隆集团	房地产	民营企业	人力资源部	36 分钟	面对面访谈
P13	顺通达集团	供应链	民营企业	人力资源部	39 分钟	面对面访谈
P14	乔丹体育	体育用品	民营企业	市场部	34 分钟	电话访谈
P15	厦门华夏学院	学校教育	民办学校	工会	45 分钟	面对面访谈

说明：本表为笔者整理，出于访谈前的承诺及尊重个人观点，隐去了受访对象的姓名、职位。

第三节　数据分析

本研究借助于 NVivo12.0 软件进行编码分析，遵循扎根理论的主要分析过程，通过开放式编码、主轴式编码以及选择式编码来探究奖励旅游购买中心的决策行为机制。

一、开放式编码

开放式编码是对原始资料文本进行逐字逐句分析、归类，结合研究情境挖掘体现现象的概念，并进一步对概念进行抽象和进行范畴化的过程。

在开放式编码阶段，笔者对质性材料逐句、逐段进行了初步概念化。本研究在开放式编码中按照"定义现象——发展概念——发掘范畴"的分析逻辑，剔除与研究主题不相关的文字，对有意义的语句进行了反复对比、整合、叠加并贴上标签。借助 NVivo12 软件，最终从 15 份访问文本中建立了 518 个节点，即形成了 518 个标签。对这些节点进行合并，形成了 158 个初步概念，编码为 a-n；接着围绕研究主旨对这些初步概念进行细化凝练，共提出 21 个初始范畴，编码为 A-n，具体如表 3.3 所示。在此基础上进行下一轮的主轴式编码。

表 3.3　开放式编码及其范畴化

初始范畴 （范畴化）	初步概念（概念化）
A1 使用者	a-1 十几个高管去了武夷山；a-2 相关业务人员去了台湾；a-3 出游人员是管理层和本年度优秀员工
A2 决策者	a-13 老板批了费用；a-14 老板确定目的地；a-15 老板决定要去台湾；a-16 分公司的老总对线路费用进行审批；a-17 需要到总公司去送审；a-18 最终是由综合办的领导、财务处的领导以及分公司经理三个人拍板的；a-19 采购部对旅行社进行招投标并决策；a-20 公司的高管（各部门的负责人）例会进行出游方案决策；a-21 人力资源部负责旅游预算决策；a-22 员工投票对目的地进行决策；a-23 决策是由市场部的老大和分公司的老总共同做出的；a-24 老板买单，以老板意见为主；a-25 出游预算费用和当地住宿是老板决策的；a-26 工会负责人和总经理决策每个人多少钱；a-27 工会负责人和总经理决策最终目的地；a-28 销售总裁做统筹、把控和决策；a-29 主要是副行长做相关的决策；a-30 通过部门主管会议来进行决策；a-31 老板会加码，三星变四星
A3 购买者	a-32 旅游部负责订机票和酒店；a-33 旅游部通过旅行社预订景区门票；a-34 综合办和旅行社签订合同；a-35 人力资源部与旅行社对接具体出游细节；a-36 确定好目的地，公司的行政主管会去订酒店和机票；a-37 公司的行政主管联系旅行社并签订合同；a-38 市场部会对旅行社招投标；a-39 市场部与旅行社对接；a-40 工会主席选择旅行社并对接后续的执行工作
A4 影响者	a-41 公司的管理顾问来自台湾也建议去台湾考察；a-42 管理顾问会给行程建议；a-43 老板的台湾朋友也会推荐考察地点；a-44 综合办会请公司中比较有旅游经验的人参与线路选择；a-45 行政主管会邀请公司中旅游经验比较丰富的员工一起制定线路方案；a-46 各部门负责人会提供旅游目的地的选择意见；a-47 财务部会给旅游费用预算建议；a-48 人力资源总监是一个专家的角色，具有一定的影响力；a-49 工会小组长来自不同的部门，会提供一些建议；a-50 业务部门是赚钱的部门，业务部门负责人是意见领袖；a-51 旅行社会根据出游日期给行程建议；a-52 旅行社会帮忙设计出行方案；a-53 管理层（业务主管、行政主管和老板）先选出 5 个目的地；a-54 公关公司会有活动方案的一些建议；a-55 可能是因为老板也一起去了，所以都是选择当地最高级的酒店
A5 协调者	a-56 部门的 A、B 角不能一起出去，部门领导要进行协调；a-57 不建议同一个部门的所有人都一起出游，部门负责人要做一定的协调；a-58 工会小组长来自不同的部门，可以做相应的协调；a-59 人力资源总监会做工作，逐个进行沟通，看到底是什么问题；a-60 员工对所选线路后悔，需要调换，人力资源部负责人员进行协调；a-61 线路选择过多或过少，不均衡，旅行社或帮忙进行协调

续表

初始范畴（范畴化）	初步概念（概念化）
A6 倡议者	a-62 快到年终，老板会问，今年大家想去哪里；a-63 CEO（总裁）会提一些需求和方向；a-64 新公司成立第一年，老板也建议组织一次员工出游；a-65 比较活跃的员工就会问下半年的活动什么时候组织；a-66 我们会包邮轮，组织奖励旅游，也是公关公司建议的
A7 公司规模	a-67 公司规模较小；a-68 公司人数有 2500 人左右；a-69 集团人数 100 多人左右；a-70 本品牌就有 1000 多人了
A8 公司业务	a-71 公司业务是做教育培训；a-72 服务于金融行业的广告媒体公司；a-73 公司业务是做食品原料，想去长沙考察下茶颜悦色；a-74 我们公司自己有景区，也做一些文旅项目
A9 公司经济状况	a-75 公司经济实力有限，暂时不考虑出境游；a-76 公司会根据每年的盈利情况来调整出游预算；a-77 要看今年完成的业绩 KPI 的情况
A10 公司性质	a-78 我们是私企；a-79 我们是外资企业，纯外资企业；a-80 我们是央企；a-81 我们是民营企业
A11 员工构成	a-82 员工都是年轻人，喜欢旅游；a-83 员工的学历都是本科以上；a-84 我们公司的员工还是以年轻人为主，基本集中在 1988—1995 年之间；a-85 公司年轻人较多
A12 组织氛围	a-86 没有严格的等级制度；a-87 老板的意志占很大的因素；a-88 企业文化还是比较民主，不是老板一言堂；a-89 企业文化是宽松和民主的；a-90 安踏的企业文化是高标准对标；a-91 和国有企业不太一样，我们比较随意；a-92 没有那么多条条框框，比较随意
A13 特殊事件	a-93 正值公司成立十周年，所以去了新加坡；a-94 新公司成立第一年，老板觉得有必要组织一次出游；a-95 新进员工较多，就会组织优秀新人的奖励旅游；a-96 公司制度的调整取消了国外的线路；a-97 因为疫情，国外线路走不了；a-98 因为疫情，今年走了重复线路
A14 组织频率	a-99 一年都要组织好几次；a-100 一年 1 次；a-101 一年 2 次，年中 1 次，年终 1 次；a-102 核心高管出游，一年 8—9 次；a-96 部门福利性质的旅游，一年 1 次
A15 组织目的（动机）	a-103 考察项目；a-104 高管培训；a-105 加强团队建设；a-106 奖励优秀员工；a-107 缓解疲劳、平衡生活和工作；a-108 希望员工有国际视野，对工作有反哺；a-109 给员工增加福利；a-110 同事之间有更多相互了解的机会；a-111 参观学习；a-112 国外游学，开拓视野
A16 时间决策	a-113 综合办会确定出游时间；a-114 出游时间是 9—12 月；a-115 上半年末和下半年末，业务告一个段落的时候；a-116 出游时间一般在 5 天左右，必须算上周末；a-117 一般会在 5—6 月行业比较不忙的时候；a-118 选择八月，孩子放假，有利于亲子活动开展
A17 目的地选择	a-119 老板喜欢台湾，所以选择台湾；a-120 季节是选择目的地的标准；a-121 人力资源部综合员工的意见选取目的地；a-122 人力资源部选择目的地的标准是一些热门的、新晋的网红目的地，性价比高的目的地；a-123 选择安全性高、旅游业比较发达的目的地；a-124 选择不重复的旅游目的地；a-125 交通便利的目的地；a-126 选择杭州是因为总集团内部在杭州有酒店，可以享受内部价，可以降低成本

初始范畴 （范畴化）	初步概念（概念化）
A18 供应商评估	a-127 旅行社选择国有的、有资质的，且是当地最大的；a-128 旅行社的选择标准是服务，而不是价格；a-129 线路要小众、新颖有特色
A19 活动策划	a-130 考察文创产品；a-131 拜访专家；a-132 吃喝玩乐；a-133 业务交流；a-134 景区游玩；a-135 团建活动；a-136 组织摄影比赛、游记比赛或是短视频比赛；a-137 篝火晚会；a-138 欢迎晚宴和表彰大会；a-139 会议，复盘，头脑风暴
A20 企业绩效	a-140 促进项目决策；a-141 促进上下级有效沟通；a-142 高管培训有一定收获；a-143 通过旅游活动将企业文化和雇主品牌传播给大众；a-144 团结员工；a-145 促进跨部门的合作；a-146 宣传企业文化；a-147 奖励旅游的津贴数额根据在职年限确定，所以也是保留员工的一种手段；a-148 提升员工的满意度；a-149 招聘的一种有效手段；a-150 员工对公司会有感恩的心态；a-144 打造品牌
A21 员工绩效	a-151 身心放松，开阔视野；a-152 公司给我奖励是对我的认可；a-153 心情愉悦；a-154 增长知识；a-155 感受到了企业的关爱；a-156 有主人翁的意识；a-157 作为优秀员工出去有自豪感；a-158 会有幸福感

二、主轴式编码

主轴式编码是基于语义、情境、过程、因果、功能、结构以及策略等关系，反复比对、组合开放性编码得到的各个范畴，并明确逻辑关系的过程（巴尼·G·格拉泽，2009）。主轴式编码按照"条件—行动—结果"的逻辑顺序，提供了一个结构框架，用于解释"哪里""为什么""谁""怎样"及"结果如何"等问题（李海芹，张辉，张承龙，2019）。具体包括：（1）条件，表征现象发生的情境；（2）行动/互动表征特定情境下所采取的行动策略；（3）结果，表征行动策略的结果。Strauss and Corbin（1998）认为，"条件"用于解释"哪里""为什么"等问题，"行动/互动"用于解释"谁""怎样"等问题，"结果"用于解释"行动/互动"产生的"结果如何"等问题。主范畴反映现象发生的内在机理，具有高度的概括性和抽象性，副范畴既可以是条件、行动，也可以是结果，对主范畴建构起逻辑支持作用。主轴式编码强调对范畴分析要充分考虑研究情境和社会文化背景，这样才能消除理论研究与实践之间的差距，进而提高理论对社会现象或社会实践的解释力。本文通过主轴式编码，获得组织因素、购买中心、决策过程和绩效四个主范畴，用 AA-n 表示，具体如表 3.4 所示。其中，组织因素为条件因素，购买中心和决策过程解释了"谁""怎样"的问题，购买绩效则解释了产生的"结果如何"的问题。

表 3.4　主轴编码形成的主范畴及副范畴

主范畴	初始范畴	内涵
组织因素	公司规模	一般用员工的人数来衡量
	行业类型	公司所从事的业务
	经济实力	公司的年度销售额或是盈利情况、经济状况
	公司性质	公司的所有制性质
	员工构成	公司的人员组成，按年龄、性别等人口统计特征进行划分
	公司氛围	同一组织中各成员的共享认知
	特殊事件	对公司而言的一些重要时间节点
	组织频率	一次时间内（通常为一年）外出活动的次数
	组织动机	企业组织奖励旅游的主观条件
购买中心	使用者	实际使用奖励旅游的人（高管、相关业务人员、本年度优秀员工、全体员工等），在购买中心有一定的决定权，但更多的时候是建议者
	决策者	做出或批准最后决定的人，决定包括费用、目的地、出游／活动方案、供应商、产品规格档次等方面。奖励旅游决策者通常是老板、总经理、副总裁、高管例会、工会主席、人力资源总监、行政主管等高层管理人员
	购买者	购买机票和预订酒店，联系旅行社或其他供应商，与旅行社或其他供应商谈判，签订合同，对接并执行出游活动。购买者通常是旅游部、人力资源部、市场部、工会、行政部等。购买者与购买中心的其他角色保持高度联系
	影响者	信息的提供者，提供的信息具有一定的影响力；专家的角色，设定购买标准用以支持决策者的决策。公司的管理顾问、财务部、有丰富旅游经验的员工等内部人员，以及外部的旅行社是购买决策的影响者
	倡议者	建议购买需求的人，通过指出需求来启动购买决策过程的人，通常是老板、CEO、部门领导、员工或者是外部的旅行社等第三方公司
	协调者	活动过程中冲突的解决者，确保决策能够顺利进行，通常是各部门的领导、工会小组长、人力资源或者是外部的旅行社
决策过程	时间决策	确定组织出游的时间
	目的地选择	确定组织出游的地点
	供应商评估	制定供应商（旅行社／公关公司／PCO）选择标准，对供应商进行评估
	活动策划	出游过程中与企业文化相关的活动组织与安排
绩效	组织绩效	奖励旅游对组织的作用
	员工绩效	奖励旅游对企业员工的作用

三、选择式编码

选择式编码是从主范畴中发掘出核心范畴，理论化整合核心范畴和主范畴及其他范畴之间的联结，并以"故事线"的形式串联核心范畴与关联范畴，构建理论框架的过程（Pandit，1996）。这里的"故事线"不仅包括范畴之间的典型关系结构，也包括了各种脉络条件，完成"故事线"后也就发展出新的实质性理论构架（赵杨，时勘，王林，2015）。通过选择式编码，结合研究情境，选取"奖励旅游购买中心决策行为机制"作为核心范畴，统领四个主范畴。图3.5是奖励旅游购买中心决策行为机制模型。

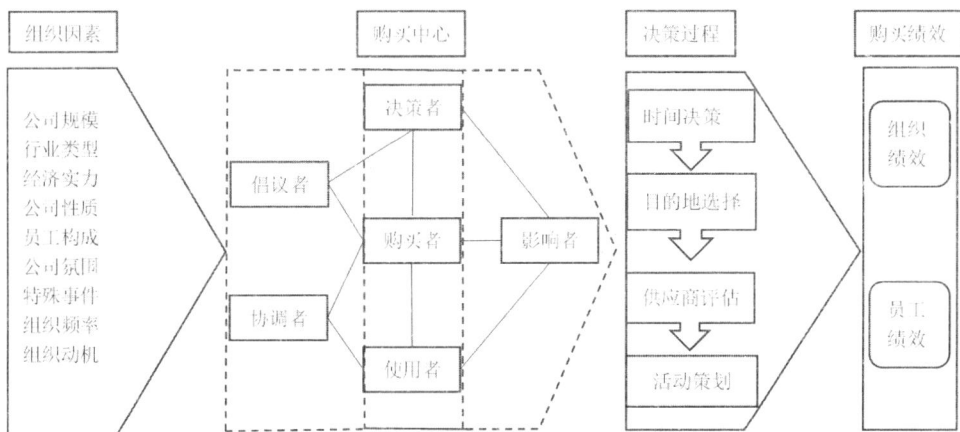

图 3.5 奖励旅游购买中心决策行为机制模型

四、饱和度检验

扎根理论认为，理论饱和的标准是在搜集额外数据时不再有新的概念和范畴的涌现。本文依据持久比较原则来确定访谈对象的数量，即以访谈内容不再产生新鲜信息贡献为标准，停止增加访谈对象的数量。本文采取了访谈后即时分析的方法，便于及时调整访谈方案，查漏补缺，在进行第15次访谈后没有发现新的概念和范畴。同时，采用三角互证的方法，对会展壹号公馆和丽星邮轮厦门办事处的组织奖励旅游的业务人员也进行访谈、转录及编码，也未发现新的概念和范畴，概念和范畴之间的内在结构也未发生变化。由此可以说明，图3.5所示的模型达到了理论饱和。

第四节 模型阐述

一、组织因素

组织因素是奖励旅游购买中心的影响因素。组织因素包括了公司规模、公司业务、公司经济状况、公司性质、员工构成、组织氛围、特殊事件、组织频率和组织目的（动机）九个方面。

首先，组织目的是提及最多的因素之一。组织目的是奖励旅游购买的主要动机，也决定了奖励旅游的使用者。组织奖励旅游的动机包括项目考察、高管培训、奖励优秀员工、增加员工的福利等。如："其实当时去武夷山的一个原因是公司想上一个夜间旅游项目，当时武夷山的印象大红袍这个项目也刚刚上，老板觉得可以去考察下，所以就组织了相关业务人员一同前往，考察顺便旅游。"（P1）"今年的 7 月份，我们针对核心高管 100 多人在长沙搞了一个'复盘会议＋旅游'团建这种形式的活动，还去了韶山。"（P4）"竞赛就是为了奖励顶级销售员，比如我们这次参加的人员就是业绩竞赛 500 名以内的，我们去了云南，住在悦榕庄。"（P10）"每年一次的旅游就是公司给员工的一个福利，所以是针对全体员工的。"（P2）

其次，影响奖励旅游购买中心构成的组织因素是组织氛围。组织氛围是企业文化的表现，对奖励旅游购买中心的构成具有影响。如："我们企业文化还是比较民主的，不是老板一言堂。"（P7）"安踏的企业文化是高标准对标，所以老板对各方面的要求都比较高，把控也比较严格。"（P4）"以老板的意志为主，老板确定就好了。"（P1）

一些特殊的事件也会影响奖励旅游购买中心的构成。如："2019 年，正好是公司成立十周年，去了新加坡，老板很重视，也请了公关公司进行一些活动的策划。"（p7）"新公司成立第一年，老板觉得有必要组织一次出游，增进同事之间的了解，就让行政部门去筹备安排。"（P8）"公司新进员工较多，公司就组织了优秀新人的奖励旅游。"（P5）"因为疫情，每次出游的人数不能超过 50 人，所以今年就以各部门为单位，部门老大决策就可以了。"（P3）

二、购买中心

从访谈中，我们确定了六个奖励旅游购买中心的角色，分别是使用者、决策者、购买者、影响者、倡议者和协调者。六个角色之间的连接（模型中不同角色之间的连线），也代表了群体决策所必需的内部协作。

购买者是奖励旅游购买中心的核心，和购买中心的其他角色都有着紧密的联系。决策者决策后，购买者执行"李总签字后，费用就批了，然后由旅游部的副总亲自去订机票、订酒店，都是旅游部的副总来安排的"（P1）。购买者购买后，就会组织安排使用者出游。如"我们综合办确定最终的旅游线路后，就会组织员工进行报名"（P6）。与此同时，购买者会受到来自影响者的影响，"每个公司都有一些旅游经验比较丰富的人，行政主管会邀请他们一起制定线路的方案"（P12）。倡议者会和购买者建议，"都下半年了，是不是可以开始组织出游了，好久没有出去了，可以组织一下"（P2）。协调者会帮助购买者处理好使用者之间的一些冲突，"我们有一个原则，就是会遵循A、B角，因为同一个部门的A、B角是不可能同时出游同一批的路线的，在这一点上我们综合办是有强制性规定的，所以这个时候就需要部门领导内部协调"（P6）。

影响者是信息的主要来源，影响者可以是内部的专家或者员工，"人力资源总监从某个方面来说应该是一个专家的角色，我们在组织过程中的很多时候都会咨询他的意见"（P4）。影响者也可以是外部旅行社或者公关公司，"旅行社会给我们一些线路上的建议"（P15）。倡议者是建议购买需求的人，通常可以是公司内部的老板、工会主席或者员工，"一般快年终了，老板就会问，今年大家要去哪里呢"（P7）。外部的旅行社或者公关公司也可以是倡议者的角色，"我们公司想要策划一场活动，公关公司就建议我们可以组织奖励旅游，包一艘邮轮出去玩几天"（P11）。协调者是用来处理使用者之间的冲突的，协调者可以是工会小组长、部门领导、人力资源部等内部人员机构，也可以是外部的旅行社或者第三方公司，"人力资源总监会做工作，逐个进行沟通，看看到底是什么问题"（P2）。"如果出现一条线路太多人选，或者是一条线路完全没有人选，旅行社也会帮助进行一些协调"（P15）。由此可见，购买中心的角色中，影响者、倡议者和协调者可以是外部的人员（模型中用虚线框起来），购买者、决策者以及使用者是企业内部人员或机构，这些角色相比于其他角色承担更多的责任。

三、决策过程

奖励旅游购买中心的行为就是对各个环节的决策过程，包括时间决策、目的地选择、供应商评估以及活动策划。时间决策是首先要解决的第一环节，确定好出游的时间，一般会选择业务的淡季出游，"我们公司一般都是每年的6月份左右出游，因为我们是做耳机的，6月份是我们行业的淡季"（P2）。出游的时间会算上周末，"我们出游一般不会超过5天，而且必须算上周末，不然公司一下子没有人这么久也不合适"（P7）。

目的地的选择也是主要的决策过程之一。目的地选择的标准大多和目的地的自身属性有关，"目的地的选择标准是一些热门的、新晋的网红目的地"（P5）。还有可能是由老板的喜爱来决定的，"老板喜欢台湾，自己也经常去台湾，所以就选择台湾"（P1）。当然，价格或者成本也是重要的标准，"选择杭州是因为总集团内部在杭州有酒店，可以给我们内部价格，比较便宜"（P9）。

供应商的评估这一决策过程的标准不一，有资质标准，"旅行社选择国有的、有资质的，且是当地最大的"（P12）。有服务水平，"我们选择旅行社主要还是看服务，而不是价格。"（P7）。有产品特色，"之所以选择这个一日游的线路，主要是和以往的不太一样，设计比较新颖"（P8）。

决策过程中还包括了活动策划。奖励旅游过程的活动类型各式各样，除了旅游基本环节以外，可能还有会议培训，"白天我们就逛景区，考察文旅项目，晚上我们就在酒店的会议室开会交流，展开高管培训"（P1）。有比赛团建，"旅游过程中我们会组织比赛，比如我们组织过摄影比赛、游记比赛（朋友圈分享）以及短视频比赛"（P5）。

四、购买绩效

奖励旅游的购买绩效主要是指企业组织奖励旅游活动后所带来的作用。购买绩效可以划分为组织绩效和员工绩效。组织绩效可以表现为以下三方面。第一，促进项目决策，对公司的业务有一定的帮助，"这次去考察了武夷山的印象大红袍的项目后，也推进公司夜间项目的决策"（P1）。第二，招聘吸引，团结员工，促进沟通，减少流动率，"我们公司奖励旅游的津贴数额是根据在职年限发放的，所以也是保留员工的一种手段"（P10）。第三，对企业文化的一种宣传，"每次活动过程中或是活动结束后，我们会做一定的宣传，希望通过旅游活动把我们的企业文化和雇主品牌宣传出去"（P11）。

员工绩效首先表现为受到了激励，有自豪感，"公司让我出去旅游，给我奖励，是对我的认可"（P13）。其次，让员工开阔视野，增长了知识，"在日本我们去了茑屋书店，还是很震撼的，竟然有这么大的一个复合式文化空间"。最后，让员工感受到企业的关爱，有一定的幸福感，"这就是我们企业的一种福利，提升员工对企业的满意度"（P9）。

第四章　奖励旅游购买中心社会网络分析

第一节　研究设计

在构建奖励旅游购买中心决策行为机制模型的基础上，我们发现，奖励旅游购买决策是群体决策行为，购买中心成员之间通过一定的互动做出购买决策。为了探究购买中心成员之间的互动特征，就需要对奖励旅游购买中心社会网络进行分析。

对奖励旅游购买中心社会网络进行分析，需要收集整体网的资料，并在此基础上进行社会网络分析。样本选择对象是近五年内有组织奖励旅游的企业，对它们的购买中心进行调研。该研究设计包括四个步骤，第一，设计社会网络的调查问卷；第二，抽样并确定样本量；第三，问卷调查技术；第四，数据分析方法。

一、社会网络问卷的设计

收集社会网络的资料，需要设计社会网络问卷。社会网络问卷的设计步骤如下：

第一，要确定社会网络边界。整体社会网分析一定要有一个非常清楚的分析单位，以及欲调查的社会网络边界。它可能是一个群体、一个社群、一个组织，也可能是一个更大的实体，譬如一个外包系统，甚至是一个国家或某一区域，如Granovetter等曾绘出整个硅谷的半导体网络。但这些被调查的对象都必须有一个边界。因此，我们首先需要确定我们的解释变量、被解释变量是什么，以及这些变量的分析单位是什么。本研究的任务是奖励旅游购买中心的社会网络特征，因此，购买中心是调查的社会网络边界。在调查中，我们将团队边界内所有的行动者都列在问卷上，并发放给所有的行动者。

整体社会网络的资料很难收集，主要理由有二，一是整个群体中所有成员都必须愿意填问卷，否则就绘不出整体社会网。为了取得所有人的同意，往往需要有不错的社会关系才能办到。二是问卷不可能匿名，所以增加了答题者的疑虑，而更难取得合作（罗家德，2005）。

第二，根据网络形态设计社会网络问卷。在第二章《文献综述》中，社会网络可以区分为不同的形态，有咨询网络、沟通网络、情感网络、建议网络、支持网络或阻碍网络等。本文研究的是奖励购买中心的沟通网络，即主要体现为行动者在工作中咨询他们或指导他人的范围。因此，根据每个参与者对"向谁发送"或"从谁接收"购买相关工作设计网络问卷（表 4.1）。数据的收集采用滚雪球技术，从最初有资格参加研究的参与者识别出其他符合资格标准的人，从而来确定奖励旅游购买中心网络的所有人员。

表 4.1　沟通网络的测量题项

同事编号	A	B	C	D	E	F
1.遇到购买问题时，您会主动与哪些成员沟通？						
2.遇到购买问题时，哪些成员会主动与您沟通？						

二、抽样及样本量

如前所述，社会网络问卷需要有非常强的人际关系才能发下去，否则很难取得整个团队的同意，让所有人都接受调查。因此，社会网络问卷很难做到随机抽样，只能是便利抽样（convenient sampling），即手上刚好有什么资源就使用什么资源（罗家德，2005）。如果非要做随机抽样，抽样架构就不能是电话名录，因为这些人产生出来的团队不会成为一个有边界的社会网。所以只能使用二阶段随机抽样，比如说先从某一地区工商业中随机抽样十家企业，再在这十家企业中间随机抽样 1/3 部门，部门就是网络边界。虽然采集的数据是个体数据，这个方法也只能随机抽到部门，而无法随机抽到个体。而且这个方法固然是随机的，但很难执行，因为被抽到的企业与部门不一定合作，所以大多数整体网的研究仍然以便利抽样为主。

便利取样的一个缺憾是无法推论，即很难从样本推论出母体的一半情况，就像定性研究，最后我们得到的只是个案，个案只能否证，找到个案不符合原来理论的，就把原来理论否证掉，没找到之前就暂时接受，但个案很难证实一个理论。整体网社会资料也同样有类似问题，个案缺乏推论的能力，代表性个案只能代表一定特征的部分团队，很难推论出普遍使用的原理、原则。整体网的研究目的与其说是为了推广，不如说是为了揭示其结构（罗家德，2005；刘军，2009）。

关于社会网络问卷的样本量要求，目前还没有一个统一的意见，但是一个基本的原则是，样本量越大越好（侯杰泰等，2004）。可是，经费以及时间的限制迫使研究者寻找满足要求的较小的样本数量。从理论上看，实际样本多大合适，取决于两个方面的因素，一是总体内的各个个体的同一性程度，二是研究所需要的精准程度即容许误差（李怀祖，2004）。总体来说，总体的变异越大，精确性要求越高，则要求的样本量越大。

另一方面，样本层次越高，抽样的难度越大，对于样本数量的要求相对降低。对于相关性研究和因果的比较研究，一般认为 30 个是最低限度。

由于本研究所采取的主要是社会网络分析方法，且进行的是整体网络分析，因此需要先抽取一定的社会网络，然后再对该封闭网络中所有的个体进行普查，以得到要研究的所有变量的数据，如表 4.2 所示。团队内社会网络研究对问卷的有效效率要求很高，一般希望在 80% 以上，整个网络填答率没有达到总体人数 80% 的，则整个网络的问卷都不能被采用（Wasserman，Faust，1994）。对于一个团队来说，往往调查了数十人，却只得到一个资料点。因此团队整体网络分析的问卷发放难度很大，要求也很高（罗家德，2005）。

表 4.2　社会网络分析确定样本数量的方法

方法	对象	特点
整体网络分析	全部网络成员	客观、全面、成本高
滚雪球法	被提名的网络成员	适用于挖掘特定的网络，忽略孤立者
不完全个体中心网络法	被选择的个体网络及其网络成员之间的关系	主观，适用于总体里抽取小样本
完全个体中心网络法	本选择的个体网络	主观、成本低，解释局部社会网络结构

来源：袁晓婷（2010）

与此同时，根据袁晓婷（2010）所整理的来自 AMJ、SMJ、*Organizaition Science* 等国外管理类的顶级期刊中的团队网络研究所采取的样本数量来看（表 4.3），大多在 15—70 个团队之间。其中，只有两项研究样本量分别达到了 3098 个团队和 224 个团队，但是这两项研究采用的都是二手数据。对于一手数据的采集大多集中在 70 个团队以下。因此，考虑到本研究的研究层次和问卷发放难度，本研究在保证测量工具的信度、效度的情况下，将采集 30 个左右的团队样本进行相关分析和回归分析。

表 4.3　国外团队层面网络研究样本数量

研究者	样本数量	研究主题
Balkundi，Barsness，Micael（2009）	19 个团队（1 个组织）	团队领导网络声望、团队领导中介中心性；团队冲突；团队成长
Baldundi，Kilduff，Barsness，et al.（2007）	19 团队（1 个组织）	异质性；团队结构洞；团队绩效

续表

研究者	样本数量	研究主题
Bona（2007）	54个团队	异质性（知识、权力距离）；团队网络密度；团队有效性
Brion，Chauvet，Geraudel，et al.（2007）	73个团队	团队成员平均连结强度、团队结构洞、水平桥、垂直桥；新产品开发绩效
Hernandez，de los Reyes Lopez（2007）	10个团队（1所大学）	团队中心性、团队密度、正式领导与非正式领导连结强度、团队外部联系；科研绩效
Balkundi，Harrison（2006）	3098个团队（二手数据，37项研究）	团队密度、团队正式领导中心性、团队间网络中心性；团队任务绩效、团队成长
Mehra，Dixon，Brass，et al.（2006）	28个团队（1个组织）	领导中心性（所领导团队网络、领导者之间网络、与高层领导者之间网络）、团队网络密度；团队绩效、领导声誉
Hansen，Mors，Lovas（2005）	121个团队（1个高科技公司，41个子公司）	网络规模、强度、竞争（团队内网络、子公司网络、转移网络）；知识共享（搜寻知识、搜寻成本、转移成本）
Luo（2005）	42个团队（1个公司）	团队密度、团队中心性、团队小集团、桥；团队绩效
Mayo，Pastor（2005）	71个团队（1个公司，3个子工厂）	异质性；团队网络密度、网络中心性；过程有效性、任务绩效
Balkundi（2004）	69个团队	正式领导中心性、与其他成员关系、与边界拓展者关系、与其监督者关系；团队绩效
Oh，Chung，Labianca（2004）	60个团队（11个组织）	封闭通道、桥通道；团队有效性
Cummings，Cross（2003）	182个团队（1个组织）	层级结构、核心外围结构、领导结构洞；团队绩效
Reagans，Zuckerman（2001）	224个团队（29个公司，二手数据）	人口统计变量；网络密度、网络异质性；团队生产率
Sparrowe，Liden，Wayne，et al.（2001）	38个团队（5个组织）	团队中心性、密度；团队绩效
Rulke，Galaskiewicz（2000）	39个团队	团队结构、知识分布、团队绩效
Stewart，Barrick（2000）	45个团队	相互依赖、团队自我领导；团队内过程；团队绩效
Tsai，Ghoshal（1998）	15个部门（1个公司）	团队间网络、社会资本、产品创新
Baldwin，Bedell，Johnson（1997）	62个团队	团队内友谊、团队内沟通、团队内咨询；团队绩效
Rosenthal（1996）	15个团队（1个公司5部门）	团队约束（与团队外结构洞）；团队绩效

来源：袁晓婷（2010）

三、调查技巧

找到愿意接受调查的团队，我们将团队中成员的姓名填在问卷的第一行，问卷发出去，每人一份，请大家就问题进行填答。其间，要注意几个事项。

第一，尽量不署名。整体社会网问卷是不匿名的，否则我们就不知道一份问卷的填报者与被勾选的人是否有连带，问卷发放者不必讳言不匿名，但也尽量不要署名。问卷一开始就问"你的名字是什么？"这会影响填答者的心理，使其做出不真实的填答或拒绝填答。比较好的处理方法是问卷上不署名，一个人一个人地送问卷、收问卷，所以可以确定填报者是谁。

第二，保证不泄密。因为不是匿名的，所以调查者要非常清楚地说明这个资料绝对不会被公司高层看到，保证不泄密，绝不会引蛇出洞，用来秋后算账。这是学术伦理，也是让填答者放心填答的保证。

第三，强调学术研究。说明来处，保证这是一个学术研究，绝非公司委托，呈现的也是研究结论和成果，个人资源绝对永远保密。

四、分析方法

对奖励旅游购买中心社会网络的分析主要采用社会网络分析方法。在进行社会网络分析之前，首先通过社会网络问卷获得网络关系数据，其次将网络数据汇制成二进制邻接矩阵。具体的做法是，首先，两个行动者之间关系的"有无"一般用"1"或"0"表示，"1"代表从行动者 i 到行动者 j 之间存在某种关系，"0"代表行动者 i 与 j 之间不存在某种关系。其次，将社会网络问卷中的每一题分别处理，编写成一个矩阵。例如，团队 1 中有 6 名成员，分别为 A、B、C、D、E、F。A 在题目填答中勾选了 B 和 C，则其在矩阵的第一行的数值变为 011000，接着输入 B 的答案，六位全部填完后，将形成一个 6×6 的矩阵，再将此矩阵保存为 UCINET 的文件格式，然后按照 UCINET 的操作，进行社会网络分析。

重视整体社会网络研究的学者主要沿用在社会计量学基础上发展起来的一套整理和分析资料的技术，以社群图分析和矩阵运算为主（陈公海，2008）。

1. 社群图分析

以图形直观地展现群体行动者的人际选择结果。通过解剖社群图的基本结构，掌握群体中社会网络情况，如孤立、被选、互选、次群体、核心人物等，了解个体在群体中的地位、群体的组成状况等。社群图主要由点（行动者）线（代表行动者之间的关系）构成。社群图中的点集可以表示为：$N=\{n_1, n_2, \cdots\cdots n\}$。这样一个群体成员之间的关系就可以用一个由点和线连成的图表示。因此，一个社群图就是一个"图"。这些网络图表达了各点之间的关系模式。群中的每个行动者在社群图中都占有一个相应的位置。行动者之间的选择方式用箭头来表示，箭头的方向表示被选择者，如果是相互选择，就用双向箭头表示。

具体的做法就是将矩阵数据导入 Ucinet 6 for Windows，按照 netdraw 的操作可以生成网络关系图。假如我们分析 A、B、C 和 D 这四个人之间的朋友关系，研究他们之间相互"选择谁作为自己的朋友"。我们定义："选择谁作为自己的朋友，就把箭头指向谁。"假设通过调查，"A 选择 C"为朋友，那么，就存在一个从 A 指向 C 的箭头；假设"B 和 D"相互选择对方为朋友，则二者之间存在一个"双向箭头"，其他关系依次类推。这样，我们就可以利用图形直观地把他们之间的友谊关系表达出来。（图 4.1）而后可以对所画出的图进行相应的分析。

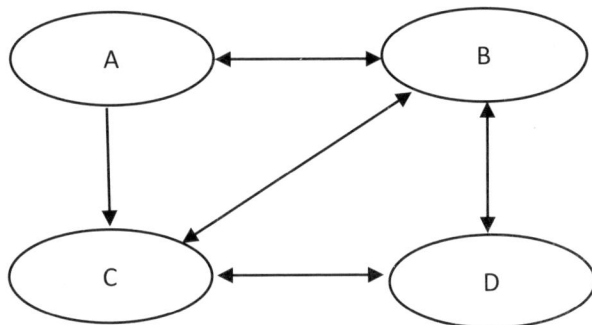

图 4.1 四人之间的友谊网络

资料来源：刘军（2004）

2.矩阵运算

除了进行社群图的分析外，还可以将矩阵数据导入 Ucinet 6 for Windows，按照相关操作进行矩阵运算，对奖励旅游购买中心的社会网络进行计算。本研究主要测算奖励旅游购买中心社会网络的四个变量，分别为网络密度、网络中心势、团队结构洞和核心-边缘结构。参考相关文献，变量的定义、测量及来源文献如表 4.4 所示。

表 4.4 奖励旅游购买中心社会网络变量

概念	变量	操作性定义	文献来源
奖励旅游购买中心社会网络	网络密度	行动者之间联系的紧密程度	Sparrowe et al.（2001）Leenders, van Engelen and Kratzer（2003）

概念	变量	操作性定义	文献来源
奖励旅游购买中心社会网络	网络中心势	互动集中于少数团队成员的程度	Lin, Yang, Arya, Huang and Li（2005）
	团队结构洞	反映群体内结构洞的程度	Krackhard and Hanson（1993）
	核心边缘结构	用于识别出密集的具有内聚性的核心和松散的不连通的边缘	Cummings and Cross（2003）

第二节　数据收集

本研究的数据发放与回收主要是从 2022 年 1 月到 2022 年的 3 月，历时两个月。样本对象是近五年内开展过奖励旅游的企业，样本来源主要来自闽三角企业。本研究的数据收集过程如下：首先，发放问卷之前，先请一位会展经济与管理的教授和一位旅游管理的副教授对问卷内容进行审核，并提出修改意见，笔者据此进行了少许的修改。其次，如前所述，社会网络问卷需要有很强的人际关系才能发得下去，否则很难取得整个团队的同意，所以只能是便利抽样，手上刚好有什么资源就使用什么资源。于是，通过熟人或者朋友介绍受访企业，得到 31 个企业的许可，笔者对其进行一对一的问卷填写。即一共对 31 个企业奖励旅游购买中心团队发放了 125 份问卷，由于问卷主要依托关系密切的朋友对其所在的单位或者部门进行调查，因此回收的效果比较理想，问卷回收率到了 100%。紧接着，对问卷进行了初步的筛选，筛选标准是购买中心成员的填答率必须在 80% 以上；发现有一个企业购买中心的网络问卷不符合标准，只好舍弃。最后获得有效的购买中心团队 30 个的有效问卷 121 份，有效回收率为 96.8%。

第三节　数据整理

对社会网络问卷的数据整理主要包括两个环节，第一个环节是对社会网络量表信度和效度的分析，第二个环节就是数据的录入，形成邻接矩阵。

一、信度和效度的分析

事实上，社会网络量表由于是半开放式问卷，很少有研究者进行信度与效度的检验（Brass，1983，1984；Krackhardt，1992，1994）。因为得到的社会网络数据必须经过一定的程序加以计算，其结果是社会网络结构某方面的性质。对这方面的性质来说，它是计算得来的实际数据，因此这个变量就相当于一个显变量。

在社会网络量表信度方面，陈公海（2008）也曾在其博士论文中对社会网络量表的信度和效度进行了解释。他在文中指出，社会网络量表能够保证研究的信度，这是由于收集的数据是关于研发人员之间实际发生的关系，而不是对关系的"看法"，且把许多回答者的反应综合在一起。刘军（2006）也曾指出，观察数据和档案资料的信度较高。要使得测量具有较高的信度，首先问题应该简明易懂，让受访者知道如何回答；其次，问题要与受访者有关，并且不引起歧义；第三，延长参与时间，持久地考察。除此之外，在操作化的角度上，学者们还利用如下技术检验网络资料的信度：重测比较，与备择问题形式进行比较以及社会计量选择的回应性分析（Lamann，1996）。

罗家德（2005）指出，社会网络量表的信度主要依靠两点来保证：（1）测量题项以行动为主；（2）尽量嵌入情境。因此，本研究采用了目前规范的社会网络测量问卷，以行为测量题项为主，且在进行问卷发放之前，对受访企业进行了深度的访谈，在此基础上保证了问卷的情境嵌入性，从而保证了问卷的信度。

当各种概念的测量与理论预期一致的时候，效度的一个形式上的维度，即为结构效度。而由于本研究所做的主要是整体的社会网络，不涉及这个效度。由于社会网络测量量表的特殊性，罗家德（2005）指出，对社会网络量表效度的保证，需要做到以下几点：

（1）目测。最常见的是两种无效问卷，一个是全勾，一个是全不勾。填问卷的人不太会骗你，用心去勾选一些假的情报，不想答的人往往只是全勾或全不勾。

（2）亲身观察法。在问卷设计阶段，研究者常用亲身观察法做定性研究，亲身观察一段时间后，也建立了各种关系，人际关系不好，甚至连问卷也发不出去。亲身观察者要有观察社会网的能力，很清楚地辨别谁跟谁建立了什么样的网络。做效度分析时，就可以凭这些观察判断出谁在乱答。

（3）两个问题交叉比对。比如一个题目是"谁会和你聊私事"，另一个题目是"你会和谁聊私事"。通过两个问题进行检测。比如 A 勾了 B，再去看 B 有没有勾 A。再如"谁跟谁一起吃饭"是双向的，不可能 A 选了 B，B 却没有选 A，两方填答不一致就表示填答无效。

（4）部门/网络无效。一般来说，会设置一个门槛，一个社会网中有一定人数的资料遗漏或无效，就全组无效。研究者经常采用的门槛是 20%，但前提是遗漏的人中间没有重要任务。最中心的人只要漏掉一个，整个网络问卷就没有多大意义了。原则上，保证 90% 的回答率，再加上剔除掉一些无效问卷，20% 是能够接受的，但是一定要确认遗漏的人当中没有非常重要的人物。

本研究在问卷调查前进行了深度访谈，从而对所回收的问卷的社会网具有较强的辨别能力。在收集资料时，对想要测量的数据尽可能给出明确的界定。且通过问卷题目的交叉对比，删除无效问卷，并在确保没有中心性人物缺漏的情况下，以 80% 回答率的标准删除无效问卷，从而保证了问卷的有效度。

二、数据录入

在对社会网络问卷进行信度和效度分析后，就可以进行数据的录入。正如罗家德的《社会网分析讲义》一书中介绍的那样：一份由 6 道题组成的问卷就能形成 6 个网络，每一题会形成一个网络。如果社会网内有 9 人（也就是第一行列了 9 个名字），每一题就形成了一个 9×9 的矩阵，如果有 6 题，就变成了 6×9×9 的三维矩阵（罗家德，2020）。本研究的社会网络量表问题只有一个，就是询问奖励旅游购买中心成员之间的沟通网络，以第一个企业为例，该企业的奖励旅游购买中心团队中有 4 个人，因此就形成一个 4×4 的矩阵。

将数据进行登录矩阵时，一般会根据团队成员描述自己与其他人员因某一事件所产生的关系情况进行输入，有往来关系者填 1，无往来关系者填 0，逐个进行输入，进而转化为行为者对行为者的矩阵资料（表 4.5 就是所收集到第一个企业奖励旅游购买中心团队的数据资料）。有了每个企业奖励旅游购买中心的团队矩阵，就可以画出相应的社群图，并且运用 Ucinet 6 for Windows 软件对这些矩阵进行计算，可以获得社会网络测量变量并进行相应的分析。

表 4.5　企业 1 奖励旅游购买中心社会网络矩阵资料

团队成员编号	A	B	C	D
A	0	1	1	0
B	1	0	1	0
C	0	1	0	1
D	1	1	1	0

第四节　数据分析

运用 Ucinet 6 for windows 软件对收集到的社会网络矩阵进行测算，得到了各个企业奖励旅游购买中心团队的网络密度、中心势、团队结构洞和核心边缘结构四个指标。30 个企业的奖励旅游购买中心团队社会网络结构特性统计表如表 4.6 所示。

表 4.6　奖励旅游购买中心社会网络结构特性统计表

企业	规模	网络密度	中心势	团队结构洞	核心边缘结构
1	4.0000	0.7500	0.0000	0.2778	0.0000
2	4.0000	1.0000	0.0000	0.0000	0.0000
3	5.0000	0.7000	0.5000	0.1875	0.7360
4	4.0000	1.0000	0.0000	0.0000	0.0000
5	3.0000	1.0000	0.0000	0.0000	0.0000
6	5.0000	0.3000	1.0000	0.5000	0.7590
7	4.0000	0.8333	0.3333	0.1111	0.6610
8	3.0000	1.0000	0.0000	0.0000	0.0000
9	3.0000	1.0000	0.0000	0.0000	0.0000
10	3.0000	0.6667	1.0000	1.0000	1.0000
11	3.0000	0.6667	1.0000	1.0000	1.0000
12	3.0000	0.6667	0.6667	0.6667	0.7740
13	4.0000	1.0000	0.0000	0.0000	0.0000
14	3.0000	0.8333	0.3333	0.1111	0.6610
15	5.0000	1.0000	0.0000	0.0000	0.0000
16	5.0000	0.6000	0.2500	0.1458	0.3090
17	3.0000	0.8333	0.0000	0.5000	0.3160
18	4.0000	0.9167	0.0000	0.0556	0.3020
19	3.0000	1.0000	0.0000	0.0000	0.0000
20	4.0000	1.0000	0.3333	0.1111	0.6610
21	5.0000	0.5000	0.8333	0.8333	0.8280
22	4.0000	0.5000	0.3333	0.4444	0.5500
23	4.0000	0.5000	0.3333	0.4444	0.5500
24	5.0000	0.5000	0.8333	0.8333	0.8280
25	3.0000	0.6667	1.0000	1.0000	1.0000
26	6.0000	0.6000	0.3000	0.1800	0.5240
27	6.0000	0.8000	0.3000	0.0800	0.5820
28	4.0000	1.0000	0.0000	0.0000	0.0000
29	4.0000	0.8333	0.3333	0.1111	0.6610

企业	规模	网络密度	中心势	团队结构洞	核心边缘结构
30	5.0000	0.5000	0.8333	0.8333	0.8280
Min	3.0000	0.3000	0.0000	0.0000	0.0000
Max	6.0000	1.0000	1.0000	1.0000	1.0000
Mean	4.033333	0.772223	0.350547	0.314217	0.451000
Std.D	0.9278575	0.2083170	0.371400	0.3564928	0.3678502

一、社群图分析

社会网络分析中的社群图用形式化的方式直观地反映了奖励旅游购买中心的结构特征，反映了团队成员之间的交往互动关系，以及哪个成员是购买中心的核心位置。

通过 Ucinet 6 for Windows 画出 30 个企业奖励旅游购买中心的网络社群图，对其进行分析，将奖励旅游购买中心社会网络结构划分为四种不同的类型。

1. 以总经理为核心的奖励旅游购买中心

从图 4.2 可以看出，企业 5 的奖励旅游购买中心的核心是总经理，各部门进行沟通后的信息最终汇总给总经理，与其相似的网络结构有企业 5、企业 7、企业 8、企业 10、企业 17、企业 22 等，这一类型是奖励旅游购买中心最主要的网络结构。

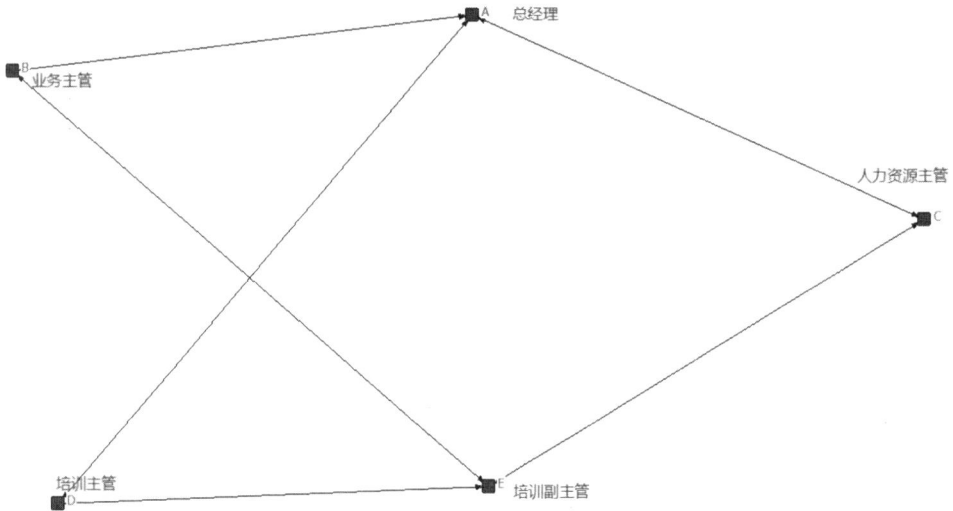

图 4.2　企业 5 的奖励旅游购买中心社群图

2. 以副总 / 行政副总为核心的奖励旅游购买中心

从图 4.3 可以看出，企业 27 的奖励旅游购买中心的核心是副总经理或是行政副总，其与购买中心的各个成员都有一定的联系，由其进行购买中心的沟通对接，各部门进行沟通后的信息最终汇总给他，与其相似的网络结构有企业 1、企业 9 等。

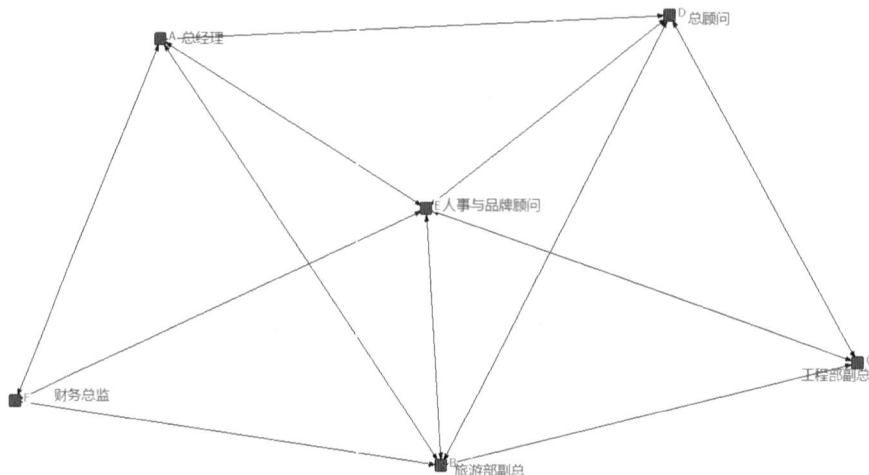

图 4.3　企业 27 的奖励旅游购买中心社群图

3. 以市场部 / 综合办为核心的奖励旅游购买中心

从图 4.4 可以看出，企业 21 的奖励旅游购买中心的核心是市场部，其与购买中心的各个成员都有一定的联系，由其进行购买中心的沟通对接，各部门进行沟通后的信息最终汇总给他，与其相似的网络结构有企业 26 等。

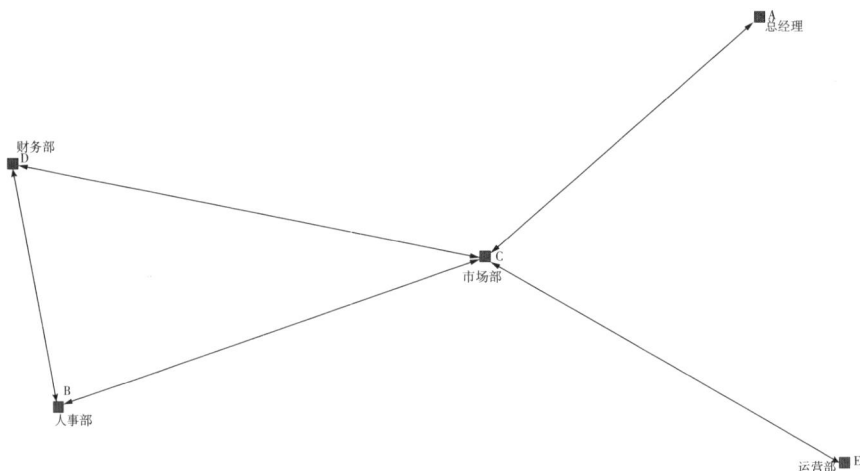

图 4.4　企业 21 的奖励旅游购买中心社群图

4. 以人力资源总监 / 财务总监为核心的奖励旅游购买中心

从图 4.5 可以看出，企业 12 的奖励旅游购买中心的核心是人力资源总监或是财务总监，其与购买中心的各个成员都有一定的联系，由其进行购买中心的沟通对接，各部门进行沟通后的信息最终汇总给他，与其相似的网络结构有企业2、企业20、企业18等。

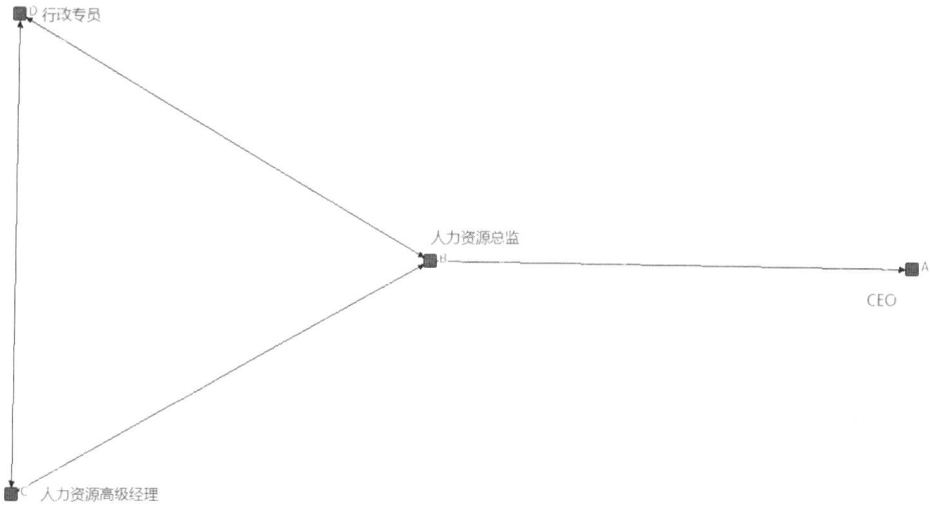

图 4.5　企业 12 的奖励旅游购买中心社群图

二、网络密度分析

网络密度是用来表示成员之间联系的紧密程度。密度是社会网络的基本测度之一，为网络中实际存在的关系数量与可能存在的最大关系数量之比，其取值范围在 0 到 1 之间，比值越大，网络密度就越大，节点之间的关联越广泛；密度越小，节点之间的关联就越稀疏。网络密度的计算公式如下：

$$Density = \frac{\sum Z_{ij}}{N * (N-1)} \qquad （公式 4\text{-}1）$$

其中 i 和 j 分别代表群体中的两个成员，Z 代表两人的互动连带，N 代表群体的成员数。Z_{ij} 为 i 和 j 之间所有的连接总数，N*（N-1）则为网络中所有可能的连接数目。

通过社会网络问卷，收集团队成员之间的选择和被选择数据，整理后输入 Ucinet 6 for Windows 进行计算，得到 30 个企业奖励旅游购买中心的团队网络密度数值。由此可见，在 30 个奖励旅游购买中心中，网络密度最小的是 0.3，密度最大的是 1，平均值是 0.772，说明奖励旅游购买中心成员之间的联系的紧密程度较高，也反映出奖励旅游购买的群体决策特征。

三、网络中心势（Centrality）分析

团队网络中心势是用来衡量网络的集中程度，即团队内部的互动联系是集中于一个或少数团队成员，还是均匀地分布于所有的成员。计算网络中心势通常需要首先计算最大节点的中心度与网络内其他节点中心度的差值总和，然后除以理论上最大可能的差值总和。网络中心势的计算公式如下：

$$C_D = \frac{\sum_{i=1}^{g}\left[C_{D(n^*)} - C_{D(n_i)}\right]}{max\sum_{i=1}^{g}\left[C_{D(n^*)} - C_{D(n_i)}\right]}$$ （公式 4-2）

$C_D(n^*)$ 是 $C(n)$ 中最大的程度中心性，它与其他 $C_D(n^*)$ 相减所得差额的相加总和，即为群体中心性。这是一个网络的整体结构指针，公式的含义是一个图形中程度中心性的最高的那个人其程度中心性与其他人程度中心性之间的差异。他与别人的差距越大，则群体程度中心性的数值越高，表示这一团队的权利过分集中。

通过社会网络问卷，收集团队成员之间的选择和被选择数据，整理后输入 Ucinet 6 for Windows 进行计算，得到 30 个企业奖励旅游购买中心的团队网络中心势数值。由此可见，在 30 个奖励旅游购买中心中，网络中心势最小值是 0，最大值是 1，平均值是 0.351，说明奖励旅游购买中心的集权程度不高，团队成员之间的互动还比较均匀地分布于所有成员之间，较少一言堂的现象。

四、团队结构洞（Structral hole）分析

结构洞是两个行动者之间非冗余的联系。团队结构洞是指团队中存在结构洞的程度。团队结构洞是用团队中介性来测量。团队中介性的公式如下：

$$C_B = \frac{2\sum_{i=1}^{g}\left[C_B(n^*) - C_B(n_i)\right]}{\left[(g-1)^2(g-2)\right]}$$ （公式 4-3）

该公式（4-3）的含义是，一个图形中中介性最高的那个人其中介性与其他人中介性间的差距。他与别人的差距越大，则团队中介性的数值也就越高，表示此一团体分成数个小团体而太依靠某一个人的中间传话，这个人也特别重要。团

体中介中心高的图形也是星状图形。这个指标测量团队中的关键值越高，表明组织中信息被少数人垄断的可能性越高。指标越高，表示有人可以高度操控信息和利益，多半情况下组织的情况越不好。

通过社会网络问卷，收集团队成员之间的选择和被选择数据，整理后输入Ucinet 6 for Windows进行计算，得到30个企业奖励旅游购买中心的团队结构洞数值。在30个奖励旅游购买中心中，团队结构洞最小值是0，最大值是1，平均值是0.314，说明了奖励旅游购买中心存在结构洞的程度不高，信息不是掌握在少数人手里，成员之间的信息分享程度较高。

五、核心-边缘结构（Core-periphery structure）分析

核心边缘结构是一个重要的网络结构。在这种类型的结构中，通常存在一个密集的、内聚的核心和一个稀疏的、不相连的外围（Borgatti，Everett，1999）。核心行动者之间联系紧密，构成凝聚子群；处于边缘地位的行动者之间存在较少或不存在平行关系，但他们与核心行动者之间存在关系。对于团队的核心边缘结构程度测量，采用了连续型数值拟合度（Borgatti， Everett， 1999）。拟合度数值越高，说明该网络的结构越接近于核心 - 边缘结构，核心行动者的联系紧密。

通过社会网络问卷，收集团队成员之间的选择和被选择数据，整理后输入Ucinet 6 for Windows进行计算，得到30个企业奖励旅游购买中心的核心 - 边缘结构的拟合度数值。在30个奖励旅游购买中心中，核心 - 边缘结构的拟合度数值最小为0，最大为1，平均值是0.451，这说明了奖励旅游购买中心的核心行动者联系还是比较紧密的，购买中心还是有少数边缘者。

第五章　奖励旅游购买中心社会网络、决策过程和绩效的关系研究

第一节　研究设计

除了对奖励旅游购买中心社会网络进行分析，本研究还对奖励旅游购买中心社会网络与决策过程、购买绩效之间的关系作了探讨。该研究采用问卷调查方法，设计相关变量的测量量表，然后针对研究对象发放和回收问卷，选择相应的数据分析方法。

一、量表选择和问卷设计

结构化的调查问卷是调查研究方法赖以收集数据的主要工具，其设计必须遵循一定的原则。问卷设计总的原则应是尽可能简明，便于回答和有吸引力（李祖怀，2004）。问卷设计还应该注意以下问题：问卷中只应包括与研究目的有直接关系的问题；封闭式问卷所列举的答案应尽可能完备，且各答案之间有明显的差别；所提问题应遵循"一个问题包括一个明确界定的概念"的原则，不能有双重含义，任何可能引起被调查者不同理解的名词和概念都应加以说明。设计问卷应注意以下几项禁忌：首先，设计问卷不能带倾向性，避免提问方式对回答者形成诱导，在用词上注意保持中性的原则，不要用贬义和褒义的词语；其次，不提有可能难以真实回答的问题；第三，不能把未经确认的事情当作前提假设。

遵循以上问卷设计原则，本研究的问卷设计流程如图 5.1 所示：

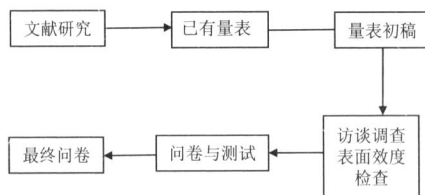

图 5.1　问卷设计流程

主要涉及三个变量，即奖励旅游购买中心社会网络、决策过程和决策绩效。其中，奖励旅游购买中心社会网络包括网络密度、网络中心度、团队结构洞和核心-边缘结构四个测量指标。

在文献研究阶段，广泛收集和阅读关于决策过程和决策绩效的研究文献。奖励旅游购买中心的决策过程是一个团队决策的过程，因此，决策过程这个变量主要借鉴团队过程或者团队行为整合概念的测量（表 5.1）。第二章对不同学者提出的团队过程和团队行为整合的概念及测量进行了回顾，综合考虑了企业奖励旅游的购买情境，主要借鉴了 Simsek 等人（2005）以及姚振华和孙海法（2009）对团队行为整合的量表，从合作水平、沟通和共同决策三个维度来进行测量。决策绩效则主要包括决策质量和决策满意度。团队决策是一个动态环境下的复杂决策问题，决策的好坏很难有一个客观评价的标准。因此，研究者往往使用决策者认知的决策质量（perceived decision making quality）作为评价指标。满意度是指决策成员对于团队决策的认可和满意程度，由于团队成员常常是决策方案的执行者，满意度会影响决策能否顺利执行，因此也是一个重要的团队决策绩效变量（郎淳刚 & 席西民， 2007）。决策绩效的变量测量主要参考 Janssen、Van De Vliert 和 Veenstra （1999）、Dooley 和 Fryxell （1999）以及杨卫忠和葛玉辉（2012）对决策绩效的测量量表。

决策过程和决策绩效的测量问项采用李克特 5 分量表测量，范围从完全不同意（1）到完全同意（5）。与此同时，问卷设计还包括对企业规模、企业性质、组织频率等数据收集的题项。

表 5.1　决策过程和决策绩效的测量项目及问项来源

变量	维度	测量项目	问项来源
决策过程	合作水平	当一个团队成员很忙时，其他团队成员经常自愿提供帮助	Simsek et al. （2005）
		团队成员可以灵活地转换职责，以使彼此之间的工作更轻松	
		团队成员愿意互相帮助并顺利完成任务	
	沟通	成员之间分享观点意见	姚振华，孙海法（2009）
		成员之间分享决策之间的信息	
		成员之间分享和交流的次数多	
	共同决策	当团队成员的行为影响到其他成员的工作时，他们通常会互相告知	
		团队成员清楚地了解其他团队成员的共同问题和需求	
		团队成员通常会讨论他们对彼此的期望	

续表

变量	维度	测量项目	问项来源
绩效	决策质量	购买决策是根据现有的最佳方案做出的	Dooley 和 Fryxell（1999）
		购买决策实现了既定的目标	
		购买决策考虑了目前企业的经济状况	
		购买决策符合企业目前的战略	杨卫忠和葛玉辉（2012）
		购买决策有助于提高企业绩效	
	决策满意度	您对最后的购买决策很满意	
		您非常愿意接受并且保证该决策得到有效执行	
		奖励旅游者对该购买决策也很满意	

二、假设提出

通过对团队社会网络与团队过程、团队过程与团队绩效的关系回顾，并结合质性研究中所提出的奖励旅游购买中心决策行为机制模型，提出如下假设：

H_1-H_4：购买中心社会网络与决策过程关系假设。

H_{1-a}：网络密度对合作水平有正向作用。H_{1-b}：网络密度对沟通具有正向作用。H_{1-c}：网络密度对共同决策具有正向作用。H_{2-a}：网络中心势对合作水平有负向作用。H_{2-b}：中心势对沟通具有负向作用。H_{2-c}：中心势对共同决策具有负向作用。

H_{3-a}：团队结构洞对合作水平有负向作用。H_{3-b}：团队结构洞对沟通具有负向作用。H_{3-c}：团队结构洞对共同决策具有负向作用。H_{4-a}：核心-边缘结构对合作水平有负向作用。H_{4-b}：核心-边缘结构对沟通具有负向作用。H_{4-c}：核心-边缘结构对共同决策具有正向作用。

H_5-H_6：决策过程和绩效关系假设。

H_{5-a}：合作水平对决策质量有正向作用。H_{5-b}：沟通对决策质量具有正向作用。H_{5-c}：共同决策对决策质量具有正向作用。

H_{6-a}：合作水平对决策质量有正向作用。H_{6-b}：沟通对决策质量具有正向作用。H_{6-c}：共同决策对决策质量具有正向作用。

三、分析方法

本研究运用 SPSS25.0、AMOS26.0 等软件进行统计分析、验证性因子分析和假设检验，主要方法如下：

1. 描述性统计分析

对研究所涉及的样本的集中与分散程度、样本的来源等信息进行分析，判断样本数据收集的质量。

2.信度分析

信度分析包括内在信度分析和外在信度分析。本研究主要通过 Cronbach's α 系数、总分相关系数（简称 CITC 系数）检验测量工具的内部一致性。参考吴明隆（2010）、张虎 and 田茂峰（2007）的标准，总量表 Cronbach's α 值和各题项的 Alpha if Item Deleted 值在 0.7 以上表示量表信度良好；CITC 系数指的是同一维度下各题项与其他所有题项总分之间的相关性，以 0.5 为阈值。

3.效度分析

效度分析主要在于评估测量工具的正确性，包含了内容效度和收敛效度。吴明隆（2010）指出，通常采用探索性因子分子法（EFA）和验证性因子（CFA）分析的方式来对问卷的收敛效度加以检验。探索性因子分析的检验方法主要有 KMO 样本测度和 Bartlett 球形检验。一般来说，KMO 值应该大于 0.7，越接近 1 则表明相关性越强，相对地越适合进行因子分析，在此情况下，且 Bartlett 球形检验显著时，可以进一步通过主成分分析法进行探索性因子分析，若题项因子载荷系数应大于 0.5，则表明量表的结构效度良好。

而 CFA 中的关键的指标为组合信度（Composite Reliability，简称 CR）和平均方差萃取（Average Variance Extracted，简称 AVE）。CR 愈高显示这些测量题项的内部一致性愈高，若 AVE 愈高则表示收敛限度越高。CR 值最好是大于 0.7，0.6 以上可以接受；而 AVE 值正常也要大于 0.5，0.36—0.5 为可以接受的标准。由于本研究采用的是成熟的量表，因此使用验证性因子分析。

4. ICC 和 r_{wg} 检验

由于问卷获得的数据是个人层面的数据，而本文的研究是团队层面的研究，所以假设检验需要将个人层面的数据整合到团队层面去分析。将个体成员数据作为高层面数据来源的时候，需要验证个体层面数据集合到集体层面数据的有效性。一般来说，常采用以下两种方法：（1）当因素方差分析。Amason（1996）认为，当团队间的方差程度显著高于团队内的方差程度时，表明适合将团队成员数据整合成团队数据。在此用到的指标主要有 ICC（1）和 ICC（2）。（2）团队内部一致性系数 r_{wg}。该系数用于在以多个项目测量同一变量时，分析团队成员的回答是否具有一致性。当 r_{wg} 大于 0.7 时，可将此变量视为具有足够的一致性（George，1990）。本研究将使用以上分析检验问卷数据的组内一致性，以保证数据聚合到团队层面的合理性。

5. 相关分析

本研究使用 SPSS25.0 软件以皮尔逊（Pearson）相关分析奖励旅游购买中心社会网络变量与决策过程、绩效的相关系数，考察各变量之间是否有显著相关，作为下一步分析变量间相互作用的基础。

6. 方差分析

方差分析，是进行多个均值比较的常用方法。这种方法的基本思路是通过对变异进行分解与分析，进行统计推断，以挖掘出更多有价值的研究结论。常用的方差分析主要是独立样本 T 检验及单因素方法分析（ANOVA）。T 检验统计法适用于两个平均数的差异检验，其适用的时机为自变量为二分间断变量（两个群体类别）、依变量为连续变量。单因素方差分析则适用于三个以上群体间平均数的差异检验；方差分析 F 统计量属于整体检验，当 F 值达到显著时，表示至少有两个水平在依变量的平均数间有显著差异，至于是哪些配对组在依变量平均数间有显著差异需要进一步进行事后比较。常用的事后比较方法如 Tukey 最实在显著差异法（Honestly Significant Difference，简称 HSD 法）、纽 - 曼氏法（Newman-Keul's method，简称 N-K 法）、薛费法（Scheffe's method，简称 S 法）、最小显著差异法（Least Significant Difference，简称 LSD 法）。其中 S 法较 HSD 法及 N-K 法严格，进行组别间的时后比较时较不容易达到显著水平。在进行单因素方差分析时，对方差齐次性的变量采用 LSD 法检验，对非齐次性的变量采用 Tamhane's 法检验。

7. 回归分析

本研究使用 SPSS25.0 软件通过回归分析检验模型假设。一般来说，检验某构念与结果变量的关系，实质是路径分析。有的学者认为，使用 SPSS 进行路径分析并未考虑多次执行检验时所造成的统计误差集聚问题，因此，它只能检验路径系数的显著性，无法对结构方程模型进行整体性评估（吴明隆，2003）。而结构方程模型软件由于能够同时考虑误差，而越来越多被研究者选用。但是，权衡了社会网络问卷发放难度，团队层面样本量的一般要求，以及结构方程模型对样本量的限制、相关研究使用多元回归分析的成功范例等多种因素后，本研究选取 SPSS 进行回归分析。首先，研究的对象是团队内部社会网络和决策过程之间的关系，进行的是团队层面的研究。目前在 AMJ、SMJ、Organization 等期刊上出现的团队社会网络相关研究，除了采用二手数据进行元分析之外，所采用的团队样本数量为 15—71 个。一般认为，30 个以上的团队样本可以进行参数统计。本研究的计划样本量也为 30 个左右的购买中心团队。邱皓政、林碧芳（2009）指出，当样本数低于 100 时，所有的 SEM（结构方程模型）分析都是不稳定的。若要追求稳定的 SEM 统计分析结果，低于 200 个样本量是不被鼓励的。因此，从团体层次样本数量的要求考虑，本研究选用多层回归分析方法。如 Oh、Chung、Labianca（2004）发表在 AMJ 上的团队社会网络实证文章采用的样本数量是 60 个团队，研究方法是回归分析。Sparrowe、Liden、Wayne 等人（2001）在 AMJ 上发表的团队社会网络实证文章样本数量是 38 个团队，其研究方法也是回归分析。这个被世界认可的管理学学术期刊，其研究方法和论文评审机制都是严谨的。因此，本研究采用 SPSS 进行回归分析假设检验，而暂时不考虑使用 SEM 验证假设。

在回归分析中，本研究采用强制进入法进行分析，原因主要有两点：第一，根据陈建勋（2008）的建议，管理研究一般都是对理论进行验证，而不是以现存数据进行探索，所以一定要使用强制进入法。第二，本研究有事先建议的假设，决定变量重要性的层次，使用强制进入法较为合适。

第二节　数据收集

这个环节的数据收集与奖励旅游购买中心社会网络问卷的数据收集同时进行。问卷发放与回收是从 2022 年 1 月到 2022 年的 3 月，历时 2 个月。样本对象是近五年内开展过奖励旅游的企业，样本来源主要来自闽三角企业。最终，一共收集了 30 个企业奖励旅游购买中心的，121 个成员的有效问卷。样本企业的基本情况如表 5.2 所示。

表 5.2　样本企业的基本情况

概况		样本量	百分比
成立时间	5 年以下	4	13.3%
	5—10 年	11	36.7%
	10—15 年	4	13.3%
	15 年以上	11	36.7%
企业性质	国有企业	1	3.3%
	民营企业	21	70%
	外资企业	8	26.7%
企业规模	100 人以下	20	66.7%
	100—499 人	6	30%
	500 人以上	4	13.3%
盈利情况	亏损	3	10%

续表

概况		样本量	百分比
	盈利	27	90%
经营行业	第一产业（农林牧渔）	1	3.3%
	第二产业（工业制造业）	4	13.3%
	第三产业（服务业）	25	83.3%
平均年龄	26—35 岁	24	80%
	35—45 岁	6	20%
男女比例	男性居多	6	20%
	男女均等	11	36.7%
	女性居多	13	43.3%
旅游频率	每年 1 次及以下	13	43.3%
	每年 2 次及以上	7	23.3%
	不好说	10	33.3%

从表 5.2 可以看出，样本企业的企业性质主要是民营企业和外资企业，这与目前组织奖励旅游的企业情况相符合。样本企业的企业规模主要是以中小型企业为主，经营行业主要是第三产业即服务业为主，经营状况大多是盈利，盈利的企业组织奖励旅游的可能性更大。企业的员工年龄主要在 35 岁以下，年轻人较多的企业容易组织奖励旅游，且大多数企业组织旅游的频率为每年 1 次及以下。

第三节　数据分析

一、观测变量的描述性统计

本研究共有观测变量 10 个，分别为奖励旅游购买中心的规模、网络密度、网络中心势、团队结构洞、核心 - 边缘结构、合作水平、沟通、共同决策、决策质量和决策满意度。这些观测变量的均值和标准差等基本描述见表 5.3，这些指标也反映出被访者对这些观测变量的一般态度特征。

表 5.3　变量的描述性统计分析

变量	样本量	最小值	最大值	均值	标准差
规模	30	3.0000	6.0000	4.033333	0.9278575
网络密度	30	0.3000	1.0000	0.772223	0.2083170
网络中心势	30	0.0000	1.0000	0.350547	0.3714000
团队结构洞	30	0.0000	1.0000	0.314217	0.3564928
核心边缘结构	30	0.0000	1.0000	0.451000	0.3678502
合作水平	30	3	5	3.75	0.592
沟通	30	3	5	3.97	0.701

续表

变量	样本量	最小值	最大值	均值	标准差
共同决策	30	3	5	3.65	0.488
决策质量	30	3	5	3.86	0.657
决策满意度	30	3	5	3.88	0.611

二、信度分析和效度分析

1. 决策过程和绩效量表的信度分析

运用软件 SPSS25.0 对 30 个企业收集的 121 份样本数据进行分析，检验了各变量的信度，如下表 5.4 所示。

表 5.4　量表信度分析结果

潜变量	测量题项	CITC 系数	删除项目后的 α 系数	Cronbach's Alpha 系数	
合作水平	TC1	0.723	0.570	0.774	
	TC2	0.509	0.828		
	TC3	0.626	0.686		
开放沟通	OC1	0.566	0.743	0.774	
	OC2	0.666	0.634		
	OC3	0.600	0.707		
共同决策	TD1	0.431	0.704	0.698	
	TD2	0.538	0.579		整体 0.865
	TD3	0.584	0.512		
决策质量	DQ1	0.535	0.535	0.729	
	DQ2	0.650	0.650		
	DQ5	0.480	0.480		
决策满意度	DS1	0.685	0.685	0.824	
	DS2	0.689	0.689		
	DS3	0.669	0.669		

在表 5.4 中，CITC 系数、删除项目后的 α 值等指标均符合要求。其中，决策过程的合作水平 Cronbach's Alpha 系数为 0.774，沟通的 Cronbach's Alpha 系数为 0.774，共同决策的 Cronbach's Alpha 系数为 0.698，决策绩效中的决策质量的 Cronbach's Alpha 系数为 0.729，决策满意度的 Cronbach's Alpha 系数为 0.824。各变量的 Cronbach's Alpha 系数均超过 0.6，样本整体的 Cronbach's Alpha 系数为 0.865，说明数据变量测度量表具有较高的内部一致性和稳定性。几乎全部测量题项的 CITC 值均大于 0.5。

2. 决策过程和绩效量表的效度分析

由于本研究的决策过程和绩效的量表都来源于成熟的、经过检验的量表，故而内容效度较为良好。而且本研究在发放问卷之前，向导师、学者及企业组织奖励旅游的负责人征求了修改意见和建议，也在一定程度上保证了测量量表的内容效度。

本研究运用 AMOS26.0 软件，用 CFA 验证性因子分析对量表的收敛效度进行检验，结果如表 5.5。分析结果表明了各模型的适配度指标 CMIN/DF、GFI、AGFI、CFI、RESEA 等符合研究要求，所有的变量的各测量题项的标准化回归系数均大于 0.5。与此同时，各变量 CR 值都大于 0.7，AVE 值也都在 0.4 以上，这表明了所有测量题项均收敛于各对应构面，具有较高的收敛效度。

表 5.5　量表效度分析结果

潜变量	测量题项	标准化回归系数	CR 值	AVE 值	模型适配度指标
合作水平	TC1	0.902	0.80	0.58	CMIN/DF=1.534
	TC2	0.559			GFI=0.937
	TC3	0.789			AGFI=0.877
开放沟通	OC1	0.888	0.72	0.48	CFI=0.967
	OC2	0.616			RMSEA=0.0067
	OC3	0.522			
共同决策	TD1	0.580	0.70	0.45	
	TD2	0.698			
	TD3	0.725			
决策质量	DQ1	0.688	0.73	0.48	CMIN/DF=1.697
	DQ2	0.761			GFI=0.962
	DQ5	0.616			AGFI=0.900
决策满意度	DS1	0.828	0.80	0.58	CFI=0.978
	DS2	0.771			RMSEA=0.0076
	DS3	0.739			

三、ICC 与 r_{wg} 检验

通过对信度和效度的检验表明，本研究各变量都有较好的信度和效度，下面将进行数据的组内一致性检验。

将个体成员数据作为高层面数据来源的时候，需要验证个体层面数据集合到集体层面数据结构的有效性。一般来说，常采用以下两种方法：一是单因素方差分析。Amason（1996）认为，当团队间方差程度显著高于团队内的方差程度时，表明适合将团队成员数据整合成团队数据。在此用到的指标主要有 ICC（1）和 ICC（2）。二是团队内部一致性系数 r_{wg}。该系数用于在以多个项目测量同一变量时，分析团队成员的回答是否具有一致性。当 r_{wg} 大于 0.7 时可将此变量视为具有足够的一致性（George，1990）。本研究将使用以上分析检验问卷数据的组内一致

性，以保证数据聚合到团队层面的合理性。其中，社会网络量表是团队成员对与其他成员之间关系的选择，不涉及组内与组间一致性问题，因此不进行检验。

1. ICC 检验

ICC 是组内相关系数（intraclass correlation coefficient）的简写。ICC（1）和 ICC（2）使用组间均方差（mean square between groups，MSB）和组内均方差（mean square within groups，MSW）评价组内一致性。其计算公式如下：

ICC（1）=[MSB-MSW]/[MSB+（k-1）*MSW （公式 5-1）

ICC（2）=[MSB-MSW]/ MSB （公式 5-2）

其中，公式 5-1 和公式 5-2 中，k 代表组内个体的数量，当各组数量不一时，则取平均值。

James（1982）给出的检验标准是 ICC（1）> 0.05，ICC（2）> 0.5。本研究通过 ANOVA 方差分析计算 MSB 和 MSW，如表 5.6 所示。F 检验显著表示组间差异大于组内差异。ICC（1）和 ICC（2）通过公式（5-1）和（5-2）计算，其中 k 取平均值 4.5。各个变量的 ICC（1）和 ICC（2）的数值都大于 James（1982）所给出的经验标准。可见，各变量所得到的个体层面的数据适合聚合到团队层面作进一步研究。

表 5.6 各变量内部一致性 ICC（1）和 ICC（2）

	MSB	MSW	F 检验	显著性	ICC （1）	ICC （2）
合作水平	1.308	0.272	4.809	***	0.45	0.79
沟通	0.663	0.199	3.326	***	0.34	0.70
共同决策	0.743	0.230	3.232	***	0.33	0.69
决策质量	0.709	0.195	3.644	***	0.37	0.72
决策满意度	0.665	0.188	3.543	***	0.36	0.72

注：*** 表示 $p < 0.001$

2. r_{wg} 检验

r_{wg} 检验用来评价组内一致性，不涉及组间差异。r_{wg} 决定数据是否进行集合的分界线是 0.70。一般来说，研究者需要计算每个团队的 r_{wg} 值报告样本的 r_{wg} 的平均值和中位数。

r_{wg} 的计算公式如下：

$$单一题项： r_{wg} = 1 - \frac{S_{xy}^2}{\sigma_{EU}^2} \qquad （公式 5-1）$$

$$ 多题项量表：r_{wg} = \frac{J[\ close = 1 - (\overline{S_{xy}^2} \big/ \sigma_{EU}^2)]}{J[\ close = 1 - (\overline{S_{xy}^2} \big/ \sigma_{EU}^2 \big/ \sigma_{EU}^2)]} \qquad （公式 5-2） $$

其中，S_{xy}^2 指观测方差，σ_{EU}^2 指假设分布的期望方差，$\overline{S_{xy}^2}$ 指多个题项观察方差的平均数，J 指题项数目。

本研究根据刘军（2008）提出的操作方法，用公式（5-4）通过 SPSS25.0 软件计算每个奖励旅游购买中心团队对应的变量 r_{wg} 值，表 5.7 列出了样本的 r_{wg} 均值和中位数。

表 5.7　样本的 r_{wg} 均值和中位数

	合作水平	沟通	共同决策	决策质量	决策满意度
均值	0.921	0.923	0.919	0.905	0.938
中位数	0.940	0.938	0.949	0.925	0.949

在本研究的 30 个样本组里，5 个变量的 r_{wg} 值几乎都大于 0.7，因此可以说样本数据具有较好的组内一致性，可以将这 5 个变量的得分合并到团队数据中进行下一步分析。

第四节　假设检验

上面通过 ICC 和 r_{wg} 检验，证明了样本数据具有良好的组内一致性，可以把个人层面数据聚合到团队层面数。下面将采用方差分析来检验组织因素对奖励旅游购买中心社会网络的影响，以及采用多元回归分析方法对假设进行检验。

一、方差分析

根据已有研究，组织因素可能会对奖励旅游购买中心的社会网络产生一定的影响。因此，本研究采用独立样本 T 检验（Independent Sample Test）、单因素方差分析（One-way ANOVA）等方法来检验组织因素对购买中心社会网络的影响。其中，企业性质、经营行业、盈利情况、员工年龄分布对购买中心社会网络的影响采用独立样本 T 检验，企业成立时间、企业规模、男女比例、奖励旅游组织频率对购买中心社会网络的影响采用单因素方差分析。在进行单因素方差分析时，本研究对方差齐次性的变量采用 LSD 法检验，对非齐次性的变量采用 Tamhane's 法检验。通过数据分析，本研究将检验不同组织因素对奖励旅游购买中心的规模、密度、中心势、团队结构洞和核心边缘结构的影响情况，进而检验不同企业的奖励旅游购买中心社会网络特征的差异性。

1. 企业性质与奖励旅游购买中心社会网络的差异性分析

如表 5.8 所示，独立样本 T 检验的结果表明，企业性质对购买中心社会网络中的规模、团队结构洞有显著影响，即不同企业性质在奖励旅游购买中心团队规模和团队结构洞有显著差异，民营企业奖励旅游购买中心的人员组成规模的均值是 3.761，而外资企业的人员规模均值是 4.5，比民营企业的人员规模大。与此同时，民营企业的奖励旅游购买中心的团队结构洞的均值比外资企业指标数值大。

表 5.8　企业性质与奖励旅游购买中心社会网络的差异性检验结果

变量	企业性质	样本量	均值	标准差	T 值	显著性
规模	民营企业	21	3.761	0.889	-2.187	0.038
	外资企业	8	4.500	0.535		
密度	民营企业	21	0.760	0.188	-0.737	0.467
	外资企业	8	0.825	0.266		
中心势	民营企业	21	0.387	0.389	0.803	0.429
	外资企业	8	0.260	0.354		
团队结构洞	民营企业	21	0.395	0.388	1.932	0.013
	外资企业	8	0.118	0.172		
核心边缘结构	民营企业	21	0.502	0.375	1.260	0.218
	外资企业	8	0.308	0.357		

2. 盈利情况与奖励旅游购买中心社会网络的差异性分析

如表 5.9 所示，独立样本 T 检验的结果表明，盈利情况对购买中心社会网络中的规模没有显著影响，但是盈利情况对购买中心社会网络的密度、中心势、团队结构洞和核心边缘结构有显著影响，也就是不同盈利情况企业的奖励旅游购买中心社会网络具有显著的差异性。

表 5.9　盈利情况与奖励旅游购买中心社会网络的差异性检验结果

变量	盈利情况	样本量	均值	标准差	T 值	显著性
规模	亏损	3	3.667	0.577	-0.715	0.480
	盈利	27	4.074	0.958		
密度	亏损	3	1.000	0.000	6.436	0.000
	盈利	27	0.747	0.204		
中心势	亏损	3	0.000	0.000	-5.446	0.000
	盈利	27	0.389	0.372		

续表

变量	盈利情况	样本量	均值	标准差	T 值	显著性
团队结构洞	亏损	3	0.000	0.000	-5.049	0.000
	盈利	27	0.349	0.359		
核心边缘结构	亏损	3	0.000	0.000	-7.369	0.000
	盈利	27	0.501	0.353		

3. 经营行业与奖励旅游购买中心社会网络的差异性分析

如表 5.10 所示，独立样本 T 检验的结果表明，经营行业对购买中心社会网络没有有显著影响，即不同经营业务的企业的奖励旅游购买中心社会网络没有显著的差异性。

表 5.10　经营业务与奖励旅游购买中心社会网络的差异性检验结果

变量	经营业务	样本量	均值	标准差	T 值	显著性
规模	工业制造业	4	4.250	0.958	0.575	0.570
	服务业	25	3.960	0.934		
密度	工业制造业	4	0.841	0.183	0.591	0.560
	服务业	25	0.780	0.195		
中心势	工业制造业	4	0.375	0.479	0.278	0.783
	服务业	25	0.320	0.346		
团队结构洞	工业制造业	4	0.297	0.477	-0.064	0.949
	服务业	25	0.310	0.352		
核心边缘结构	工业制造业	4	0.434	0.513	-0.037	0.971
	服务业	25	0.441	0.356		

4. 员工年龄与奖励旅游购买中心社会网络的差异性分析

如表 5.11 所示，独立样本 T 检验的结果表明，员工平均年龄对购买中心社会网络没有显著影响，即不同员工年龄的企业的奖励旅游购买中心社会网络没有显著的差异性。

表 5.11　员工年龄与奖励旅游购买中心社会网络的差异性检验结果

变量	平均年龄	样本量	均值	标准差	T 值	显著性
规模	35 岁以下	24	4.000	0.933	-0.388	0.701
	35 岁以上	6	4.167	0.983		
密度	35 岁以下	24	0.783	0.207	0.577	0.568
	35 岁以上	6	0.728	0.226		
中心势	35 岁以下	24	0.306	0.349	-1.324	0.196
	35 岁以上	6	0.528	0.440		
团队结构洞	35 岁以下	24	0.274	0.325	-1.253	0.221
	35 岁以上	6	0.476	0.462		
核心边缘结构	35 岁以下	24	0.422	0.351	-0.847	0.404
	35 岁以上	6	0.563	0.446		

5. 成立时间与奖励旅游购买中心社会网络的差异性分析

如表 5.12 所示，单因素方差分析检验的结果表明，企业的成立时间对购买中心社会网络的规模、密度有显著影响，对团队结构洞和核心边缘结构没有显著影响。即不同年限的企业的奖励旅游购买中心社会网络有一定的差异性。

表 5.12 成立时间与奖励旅游购买中心社会网络的差异性检验结果

变量	成立时间	样本量	均值	标准差	T 值	显著性
规模	5 年以下	4	3.250	0.500	4.973	0.007
	5—10 年	11	3.727	0.647		
	10—15 年	4	3.750	0.500		
	15 年以上	11	4.727	1.009		
密度	5 年以下	4	0.833	0.1920	3.138	0.042
	5—10 年	11	0.806	0.165		
	10—15 年	4	0.958	0.083		
	15 年以上	11	0.648	0.227		
中心势	5 年以下	4	0.583	0.500	1.553	0.225
	5—10 年	11	0.289	0.334		
	10—15 年	4	0.083	0.167		
	15 年以上	11	0.426	0.380		
团队结构洞	5 年以下	4	0.528	0.547	1.740	0.183
	5—10 年	11	0.259	0.323		
	10—15 年	4	0.028	0.056		
	15 年以上	11	0.395	0.335		
核心边缘结构	5 年以下	4	0.665	0.471	1.401	0.265
	5—10 年	11	0.426	0.376		
	10—15 年	4	0.165	0.331		
	15 年以上	11	0.502	0.311		

6. 企业规模与奖励旅游购买中心社会网络的差异性分析

如表 5.13 所示，单因素方差分析检验的结果表明，企业规模对购买中心社会网络没有显著影响，即不同规模的企业的奖励旅游购买中心社会网络不具有差异性。

表 5.13 企业规模与奖励旅游购买中心社会网络的差异性检验结果

变量	企业规模	样本量	均值	标准差	T 值	显著性
规模	100 人以下	20	3.850	0.875	1.728	0.197
	100—499 人	6	4.167	0.753		
	500 人以上	4	4.750	1.258		
密度	100 人以下	20	0.808	0.182	2.094	0.143
	100—499 人	6	0.778	0.251		
	500 人以上	4	0.583	0.219		

续表

变量	企业规模	样本量	均值	标准差	T 值	显著性
中心势	100 人以下	20	0.315	0.370	0.288	0.752
	100—499 人	6	0.444	0.390		
	500 人以上	4	0.388	0.429		
团队结构洞	100 人以下	20	0.283	0.373	0.273	0.763
	100—499 人	6	0.407	0.412		
	500 人以上	4	0.331	0.195		
核心边缘结构	100 人以下	20	0.427	0.393	0.137	0.873
	100—499 人	6	0.515	0.404		
	500 人以上	4	0.477	0.213		

7. 男女比例与奖励旅游购买中心社会网络的差异性分析

如表 5.14 所示，单因素方差分析检验的结果表明，男女比例对购买中心社会网络没有显著影响，即不同男女比例的企业的奖励旅游购买中心社会网络不具有差异性。

表 5.14　男女比例与奖励旅游购买中心社会网络的差异性检验结果

变量	男女比例	样本量	均值	标准差	T 值	显著性
规模	男性居多	6	3.500	0.548	1.337	0.279
	男女均等	11	4.090	0.944		
	女性居多	13	4.231	1.013		
密度	男性居多	6	0.847	0.153	0.579	0.567
	男女均等	11	0.732	0.255		
	女性居多	13	0.772	0.191		
中心势	男性居多	6	0.333	0.422	0.516	0.603
	男女均等	11	0.439	0.455		
	女性居多	13	0.283	0.273		
团队结构洞	男性居多	6	0.306	0.424	1.343	0.278
	男女均等	11	0.444	0.387		
	女性居多	13	0.208	0.282		
核心边缘结构	男性居多	6	0.456	0.419	0.044	0.957
	男女均等	11	0.475	0.411		
	女性居多	13	0.429	0.334		

8. 旅游频率与奖励旅游购买中心社会网络的差异性分析

如表 5.15 所示，单因素方差分析检验的结果表明，旅游频率对购买中心社会网络没有显著影响，即不同旅游频率的企业的奖励旅游购买中心社会网络不具有差异性。

表 5.15　旅游频率与奖励旅游购买中心社会网络的差异性检验结果

变量	旅游频率	样本量	均值	标准差	T 值	显著性
规模	每年 1 次及以下	13	3.923	0.954	0.341	0.714
	每年 2 次及以上	7	4.286	0.756		
	不好说	10	4.000	1.054		
密度	每年 1 次及以下	13	0.738	0.191	0.440	0.649
	每年 2 次及以上	7	0.764	0.263		
	不好说	10	0.822	0.202		
中心势	每年 1 次及以下	13	0.446	0.330	0.780	0.468
	每年 2 次及以上	7	0.250	0.382		
	不好说	10	0.297	0.421		
团队结构洞	每年 1 次及以下	13	0.386	0.374	0.932	0.406
	每年 2 次及以上	7	0.159	0.186		
	不好说	10	0.330	0.416		
核心边缘结构	每年 1 次及以下	13	0.605	0.309	2.505	0.100
	每年 2 次及以上	7	0.258	0.353		
	不好说	10	0.386	0.396		

二、相关分析

在进行回归分析之前，先进行相关性分析。本研究利用 SPSS25.0 软件，对所有的变量进行了 Peason 相关分析，从而得到各变量之间的相关系数，如表 5.16 所示。相关分析表明，大部分变量之间的相关系数在 0.3—0.7 之间，可以进入下一步的回归分析。

表 5.16　各变量相关分析表

变量	1	2	3	4	5	6	7	8
1 密度	1							
2 中心势	-0.761**	1						
3 团队结构洞	-0.713**	0.879**	1					
4 核心边缘结构	-0.710**	0.915**	0.788**	1				
5 团队合作	0.447*	-0.377*	-0.253	-0.344	1			
6 开放沟通	0.669**	-0.650**	-0.649**	-0.514**	0.361	1		
7 共同决策	0.308	-0.524**	-0.369	-0.423*	0.572**	0.244	1	
8 决策质量	0.729*	-0.593**	-0.463*	-0.534**	0.602**	0.563**	0.518**	1
9 决策满意度	0.613**	-0.459*	-0.388*	-0.389*	0.599**	0.463*	0.428*	0.647**

三、回归分析

根据研究假设 H_1、H_2、H_3、H_4，奖励旅游购买中心社会网络密度对决策过程的正向作用以及中心势、团队结构洞、核心边缘结构对决策过程的负向作用，本研究将分别检验奖励旅游购买中心社会网络的密度、中心势、团队结构洞和核心边缘结构与决策过程之间的回归模型。回归分析的结果见表5.17。

如表5.17所示，奖励旅游购买中心网络密度与合作水平的回归系数 β 为0.447，在 $p < 0.05$ 的水平下显著，说明购买中心网络密度与合作水平显著正相关，假设 H_{1-a} 得到验证。购买中心网络密度与沟通的回归系数 β 为0.669，在 $p < 0.001$ 的水平下显著，说明网络密度与沟通显著正相关，假设 H_{1-b} 得到验证。购买中心网络密度与共同决策的回归系数 β 为0.369，在 $p < 0.05$ 的水平下显著，说明购买中心网络密度与共同决策显著正相关，假设 H_{1-c} 得到验证。

奖励旅游购买中心网络中心势与合作水平的回归系数 β 为-0.377，在 $p < 0.05$ 的水平下显著，说明购买中心网络中心势与合作水平显著负相关，假设 H_{2-a} 得到验证。购买中心网络中心势与沟通的回归系数 β 为-0.650，在 $p < 0.001$ 的水平下显著，说明网络中心势与沟通显著负相关，假设 H_{2-b} 得到验证。购买中心网络中心势与共同决策的回归系数 β 为-0.524，在 $p < 0.01$ 的水平下显著，说明购买中心网络密度与共同决策显著负相关，假设 H_{2-c} 得到验证。

奖励旅游购买中心团队结构洞与合作水平的回归系数 β 为-0.253，在 $p < 0.05$ 的水平下不显著，说明购买中心团队结构洞与合作水平的关系不显著，假设 H_{3-a} 未得到验证。购买中心团队结构洞与沟通的回归系数 β 为-0.649，在 $p < 0.001$ 的水平下显著，说明团队结构洞与沟通显著负相关，假设 H_{3-b} 得到验证。购买中心团队结构洞与共同决策的回归系数 β 为-0.308，在 $p < 0.05$ 的水平下不显著，说明购买中心团队结构洞与共同决策关系不显著，假设 H_{3-c} 未得到验证。

奖励旅游购买中心社会网络核心边缘结构与合作水平的回归系数 β 为-0.344，在 $p < 0.05$ 的水平下不显著，说明购买中心的核心边缘结构与合作水平的关系不显著，假设 H_{4-a} 未得到验证。购买中心的核心边缘结构与沟通的回归系数 β 为-0.514，在 $p < 0.001$ 的水平下显著，说明核心边缘结构与沟通显著负相关，假设 H_{4-b} 得到验证。购买中心核心边缘结构与共同决策的回归系数 β 为-0.423，在 $p < 0.05$ 的水平下显著，说明购买中心网络密度与共同决策显著负相关，假设 H_{3-c} 得到验证。

表 5.17 奖励旅游购买中心社会网络对决策过程的回归分析结果

变量	因变量：合作水平				因变量：沟通				因变量：共同决策			
密度	0.447* (2.642)	0.669*** (2.426)							0.369* (2.100)			
中心势	-0.377* (-2.157)				-0.650*** (-4.769)				-0.524** (-3.256)			
团队结构洞	-0.253 (-1.050)				-0.649*** (-2.105)				-0.308 (-1.715)			
核心边缘结构	-0.344 (-1.938)				-.514*** (-3.168)				-0.423* (-2.670)			
R^2	0.200	0.142	0.118	0.064	0.448	.423	.421	0.264	0.135	0.275	0.095	0.179
调整 R^2	0.171	0.111	0.087	0.031	0.428	.402	.400	0.238	0.105	0.248	0.063	0.150
F值	7.851	4.636	3.755	1.916	22.741	20.529	20.375	10.036	4.409	10.602	2.940	6.117

注：N=30，*** 表示 $p < 0.001$；** 表示 $p < 0.01$，* 表示 $p < 0.05$

根据研究假设 H_5、H_6、H_7，检验购买中心的决策过程对绩效的正向作用，本研究将分别检验合作水平、沟通和共同决策对决策质量、决策满意度的回归模型。回归分析结果见表 5.18。

如表 5.18 所示，奖励旅游购买中心的合作水平与决策质量的回归系数 β 为 0.602，在 $p < 0.001$ 的水平下显著，说明合作水平与决策质量显著正相关，假设 H_{5-a} 得到验证。奖励旅游购买中心的合作水平与决策满意度的回归系数 β 为 0.599，在 $p < 0.001$ 的水平下显著，说明合作水平与决策满意度显著正相关，假设 H_{5-b} 得到验证。

奖励旅游购买中心的沟通与决策质量的回归系数 β 为 0.326，在 $p < 0.001$ 的水平下显著，说明沟通与决策质量显著正相关，假设 H_{6-a} 得到验证。奖励旅游购买中心的沟通与决策满意度的回归系数 β 为 0.463，在 $p < 0.01$ 的水平下显著，说明沟通与决策满意度显著正相关，假设 H_{6-b} 得到验证。

奖励旅游购买中心的共同决策与决策质量的回归系数 β 为 0.518，在 $p < 0.01$ 的水平下显著，说明共同决策与决策质量显著正相关，假设 H_{7-a} 得到验证。奖励旅游购买中心的共同决策与决策满意度的回归系数 β 为 0.428，在 $p < 0.05$ 的水平下显著，说明共同决策与决策满意度显著正相关，假设 H_{7-b} 得到验证。

表 5.18 决策过程与绩效的回归分析结果

变量	因变量：决策质量			因变量：决策满意度		
合作水平	0.602*** （3.991）			0.599*** （3.956）		
开放沟通		0.326*** （1.823）			0.463** （2.763）	
共同决策			0.518** （3.209）			0.428* （2.503）
R^2	0.363	0.317	0.269	0.359	0.214	0.183
调整 R^2	0.340	0.292	0.243	0.336	0.186	0.154
F 值	15.926	12.988	10.295	15.650	7.633	6.267

注：N=30，*** 表示 $p < 0.001$；** 表示 $p < 0.01$，* 表示 $p < 0.05$

第六章　结论与讨论

第一节　结论

一、奖励旅游购买中心决策行为机制模型

基于扎根理论的数据分析,对奖励旅游购买中心决策行为进行了探索性分析,构建了奖励旅游购买中心决策行为机制的理论框架,发现了奖励旅游购买中心决策行为的影响因素、购买中心、决策过程和绩效等多维度因素及其关系。

奖励旅游购买中心决策行为的影响因素主要是组织因素,包括了公司规模、公司业务、公司经济状况、公司性质、员工构成、组织氛围、特殊事件、组织频率和组织目的(动机)九个方面。奖励旅游购买中心包括了六个角色,分别是使用者、决策者、购买者、影响者、倡议者和协调者,六个角色之间相互联结,也代表了群体决策所必需的内部协作。奖励旅游购买中心的决策行为包括了对各个环节的决策过程,即时间决策、目的地选择、供应商评估以及活动策划。绩效则是奖励旅游购买中心决策行为所带来的作用,具体反映在两个方面:组织绩效和员工绩效。与此同时,组织因素会影响奖励旅游购买中心的构成,而奖励旅游购买中心的成员反过来会影响决策过程的步骤,进而影响最终的决策绩效。

二、奖励旅游购买中心社会网络特征

通过对奖励旅游购买中心社会网络的分析,奖励旅游购买中心的社会网络特征现状如下:第一,处于奖励旅游购买中心核心地位的通常有总经理、副总经理、市场部、综合办或者人力资源总监及财务总监,不同的企业有不同的情况,不一定都是总经理作为核心;第二,奖励旅游购买中心的互动频率很高,成员之间的联系频繁,存在显著的群体决策的特征;第三,奖励旅游购买中心集权现象不明显,信息不受一个人或者少数人集中控制,信息分享程度高,不存在一言堂。

三、购买中心社会网络、决策过程与绩效的关系

根据研究文献，本研究提出了奖励旅游购买中心社会网络、决策过程与绩效的关系模型，并根据模型提出了 21 条假设（包括子假设）。实证研究的结果显示了假设 H_{3-a}、H_{3-c} 和 H_{4-a}，也即表明购买中心团队结构洞对合作水平、共同决策的负向作用不显著，以及购买中心核心边缘结构对购买中心合作水平负向作用不显著。假设的实证检验结果如表 6.1 所示。

表 6.1　购买中心社会网络、决策过程与绩效的关系假设检验结果

		假设表述	检验结果
H_1	H_{1-a}	购买中心网络密度对合作水平有显著正向作用	支持
	H_{1-b}	购买中心网络密度对沟通有显著正向作用	支持
	H_{1-c}	购买中心网络密度对共同决策有显著正向作用	支持
H_2	H_{2-a}	购买中心网络中心势对合作水平有显著负向作用	支持
	H_{2-b}	购买中心网络中心势对沟通有显著负向作用	支持
	H_{2-c}	购买中心网络中心势对共同决策有显著负向作用	支持
H_3	H_{3-a}	购买中心团队结构洞对合作水平有显著负向作用	不支持
	H_{3-b}	购买中心团队结构洞对沟通有显著负向作用	支持
	H_{3-c}	购买中心团队结构洞对共同决策有显著负向作用	不支持
H_4	H_{4-a}	购买中心核心边缘结构对合作水平有显著负向作用	不支持
	H_{4-b}	购买中心核心边缘结构对沟通有显著负向作用	支持
	H_{4-c}	购买中心核心边缘结构对共同决策有显著负向作用	支持
H_5	H_{5-a}	合作水平对决策质量有显著正向作用	支持
	H_{5-b}	合作水平对决策满意度有显著正向作用	支持
H_6	H_{6-a}	沟通对决策质量有显著正向作用	支持
	H_{6-b}	沟通对决策满意度有显著正向作用	支持
H_7	H_{7-a}	共同决策对决策质量有显著正向作用	支持
	H_{7-b}	共同决策对决策满意度有显著正向作用	支持

第二节　讨论

一、奖励旅游购买中心决策行为机制模型的讨论

我们的研究确定了奖励旅游购买中心的六个角色：使用者、决策者、购买者、影响者、倡议者和协调者。其中前五个角色，与 Webster、Wind（1972）和 T.V. Bonoma（1982）提出的购买中心的角色是一致的。协调者则是在奖励旅游购买中心中确定的新的角色构成。协调者是用来处理使用者之间的冲突的。正如多米尼克（Wilson，2002）在考察了很多购买中心后指出，随着购买情境的变化和购

买专业化的发展，购买中心会出现一些新的更细化的角色。正如 Hampton（1987）和 Sheldon（1994）调研的情况相一致，即奖励旅游购买中心的购买者通常是旅游部、人力资源部、市场部、工会或者行政部，与购买中心的其他角色保持高度联系。奖励旅游购买中心的协调者、影响者和倡议者可以是企业内部的人员或机构，也可以外部的人员或者机构，例如旅行社或者第三方活动公司。在购买中心最初的考虑中，重点完全集中在购买组织的成员（T. V. Bonoma，Zaltman，1978；Webster，Wind，1972），后来 Wind and Robertson（1982）在购买中心的文献中增加了一个跨组织的概念，即"连接针"或"边界角色"的概念。张文敏和沙振权（2011）也指出，近年来，奖励旅游的企业用户都是与旅行社共同为本公司开发定制奖励旅游产品，实现价值共创。

各种组织因素会影响购买中心的构成（Bellizzi，1981；Crow，Lindquist，1985；Johnston，Bonoma，1981；Qualls，Puto，1989），奖励旅游购买中心的构成也不例外。除此之外，本研究还发现了特殊事件、组织频率和组织目的会影响奖励旅游购买中心的构成。Webster and Wind（1972）将组织购买行为的影响因素总结为四个方面：购买因素、组织因素、个人因素和环境因素。Xiang、Formica（2007）和李晓莉、保继刚（2015）也提出了影响企业奖励旅游的购买行为主要有企业内部因素和外部环境因素。但是，本研究更加关注的是企业奖励旅游购买决策群体的构成，正是在这样的情境下，研究结果中较少涉及个人因素和环境因素，主要以组织因素为主。

奖励旅游购买中心决策过程的划分符合 Sheth（1973）提出的组织购买过程是一个联合决策的过程。这个过程中，信息的搜集和使用是非常重要的。Sheth 指出，在联合决策过程中一个重要的因素是"信息的同化、对信息的审议以及大多数联合决策所包含的结果"。Lewis（1983）对奖励旅游策划者决策过程的划分也间接支持了本研究对奖励旅游购买中心决策过程的划分。但是奖励旅游购买中心决策过程中的时间决策是非常重要的一个方面，这也是组织旅游决策区别于个人旅游决策的一个重要方面，企业的团体旅游往往会选择企业业务的淡季进行，这和个人旅游决策或是家庭旅游决策有着明显的区别。

奖励旅游绩效的研究基本上和先前研究的结论是一致的。奖励旅游对员工具有一定的激励作用，能够提高员工的满意度和幸福感，这些结论在 Hastings et al.（1988）、Shinew and Backman（1995）和李晓莉（2015）的实证研究中都得到了验证。除了员工绩效以外，奖励旅游对组织的业务决策、团队团结、企业文化宣传等方面也都具有一定的促进和帮助（董媛，2006；孙中伟 et al.，2005；

张文敏，2005）。

二、奖励旅游购买中心社会网络的讨论

奖励旅游购买中心社会网络的核心地位通常是总经理、副总经理、市场部、综合办、人力资源总监或者财务总监的结论，也验证了 Hampton （1987）对奖励旅游调研后的结论，旅游的组织者是销售或市场经理，但可能也包括晋升经理、人事经理和总经理。购买中心的密度较高也验证了奖励旅游的购买是典型的组织购买行为，购买过程是群体决策的行为（李天元，2017；张文敏 & 沙振权，2011）。奖励旅游购买过程中较少存在集权或者一言堂现象，主要原因可能是奖励旅游的使用者是员工，奖励旅游具有一定福利性和激励性的特质，和一般的企业购买商品或者服务具有一定的区别。

三、奖励旅游购买中心社会网络、决策过程与绩效关系的讨论

1. 网络密度与决策过程的关系

研究结果显示，奖励旅游购买中心社会网络密度与决策过程之间的显著正向关系得到支持。这一研究结论与 Wasserman and Faust （1994）和 Balkundi and Harrison （2006）的研究结果是一致的。网络密度是成员间彼此之间互动的联系程度，即团队成员彼此互动的平均程度。网络密度越高，成员之间的互动程度越高，代表着团队成员的相互沟通程度也越高，就会有更多的交流和信息交换、共同决策，增加彼此的信任，从而达成更高的合作水平。

2. 网络中心势与决策过程的关系

研究结果显示，购买中心网络中心势与决策过程之间的显著负向关系得到支持。这一研究结论与 Sparrowe et al.（2001）、Leenders et al.（2003）和 Grund（2012）的研究结论一致。网络中心势较高，意味着团队成员之间的互动更多地集中在某个人身上，这就意味着团队其他成员之间的沟通不足，信息交换不及时，没有办法实现共同决策，进而也就影响了合作水平。

3. 团队结构洞与决策过程的关系

研究结果显示，团队结构洞与决策过程的显著负向关系没有得到全部支持。团队结构洞对沟通的负向作用显著，但是团队结构洞对合作水平和共同决策的负向作用不显著。目前，很少有研究检验团队结构洞与决策过程之间的关系，只有 Balkundi、Kilduff、Barsness 和 Michael （2007）和袁晓婷（2010）分别检验了团队结构洞与团队绩效和知识共享之间呈 U 形关系，他们的研究结果和本研

究的研究结果一致。团队结构洞衡量的是团队中存在结构洞的程度，在有洞的团队里，说明有彼此不联系的成员，因此沟通上并不特别顺畅，因此，团队结构洞与沟通之间呈显著的负向关系。与此同时，由于结构洞更经常用于个体网络的衡量，个体结构洞越多，对团队的影响会更大，例如 Cummings 和 Cross（2003）对 182 个工作团队的实证研究发现，团队领导者占据的结构洞越多，团队绩效越差。因此，团队结构洞对共同决策、合作水平的负向作用不显著也可以得到一定的理解。

4. 核心 – 边缘结构与决策过程的关系

研究结果显示，核心 - 边缘结构与决策过程之间显著负向关系得到部分支持。核心边缘结构对沟通、共同决策具有显著的负向作用，对合作水平的负向作用不显著。这一研究结论与 Cummings 和 Cross（2003）的研究结论基本一致。核心边缘结构主要是识别网络中密集的具有内聚性的核心以及松散的不连通的边缘。

5. 决策过程与绩效的关系

研究结果显示，奖励旅游购买中心决策过程与绩效之间的正向关系得到支持，决策过程对绩效有显著的正向影响。这一研究结论与前人研究结果一致（Michalisin et al.，2004；Mooney，2000；Nembhard，Edmondson，2006；项凯标 et al.，2013；肖久灵，2006）。这些结论说明了购买中心团队内部的沟通、共享信息、共同决策和合作水平都会对决策质量和决策满意度造成影响。团队决策过程是影响绩效的重要因素。奖励旅游购买中心团队在决策过程中的高质量互动，有助于提升获取、处理和解读决策所需的信息的能力，通过充分的沟通与通力合作，达成共识，进而提高决策的质量和满意度。

奖励旅游购买中心决策过程中的三个关键因素：沟通、共同决策和合作水平。这三个因素与决策绩效中的决策质量和决策满意度之间呈显著的正向关系。研究发现，合作水平对购买中心决策质量的影响最大，其次是共同决策，最后才是沟通。合作水平对决策满意度的影响最大，其次是沟通，最后才是共同决策。由此可见，合作水平对奖励旅游购买中心的决策绩效的影响最大，提高购买中心成员之间的合作水平能够显著地提高决策质量和决策满意度。

第三节　实践启示和理论贡献

一、实践启示

1. 为奖励旅游服务提供商的营销提供建议

对奖励旅游购买中心决策行为机制模型的构建，可以对企业奖励旅游购买过程有一定的了解。了解了购买中心构成、影响因素、决策过程和决策绩效，奖励旅游服务提供商的销售人员可以通过分析购买过程的各个环节和各个阶段，创新与客户互动的模式，以此来明确奖励旅游的定制边界，为企业策划和提供符合其需求的奖励旅游产品及服务。

对奖励旅游购买中心成员之间的社会网络进行分析，了解购买中心成员之间互动形式以及购买中心的核心成员，有助于提高销售人员营销决策的有效性。因为奖励旅游服务提供商的销售人员能够清楚地知道参与购买决策的部门有哪些；不同部门的职责是什么，谁是关键的影响者或者决策者；购买中心的相关部门是何时参与其中的，他们是如何参与或者试图影响哪些购买问题或者子决策的。营销人员越早能够了解购买中心的构成和购买过程的状态，就越有机会比其他竞争者早接触到参与者、影响者和决策者。这样的话，营销人员就可以在需要的时候和地点集中营销资源，有效地使用营销资源，进而避免资源的浪费。

2. 加强奖励旅游购买中心内部社会网络管理

通过本研究可以发现，团队内部的网络结构是可以被发现，进而正确看待并对其进行管理的。通过社会网络分析方法对团队内部社会网络进行分析和诊断，可以发现问题，然后寻求解决的方法。如果我们的研究结果是团队网络密度对决策过程中的沟通、共同决策和合作水平具有显著的正向作用，那么我们可以将一个低密度的团队变成一个高密度的团队。

同样，研究结果也发现，团队之间的集权现象对决策过程具有负向影响，而决策过程又会影响到决策绩效，像奖励旅游这样具有激励性质和福利性质的活动组织，还是需要更多的沟通、共同决策和团队成员之间的合作，因此就要避免团队领导者的一言堂，要促进团队成员之间的互动深度、亲密度和频率，为团队成员之间的互动创造机会。企业需要对自身的社会网络做出判断，并与之对照，发现问题，解决问题，从而更好地购买中心决策过程，进而促进决策绩效。

3. 奖励旅游的购买要重视决策过程，进而提升绩效

奖励旅游购买中心决策过程对决策绩效的正向影响，强调了购买中心在进行购买时，要注意决策过程，即应要注重团队成员之间的交流、沟通、信息分享、合作等方面。因为，只有重视购买时的团队决策过程，才能提高团队决策时的决策质量和决策满意度，进而提升奖励旅游购买的决策绩效，提高奖励旅游的生产服务绩效。

二、理论贡献

本研究的理论贡献主要体现在以下几个方面：

第一，通过质性研究，构建了奖励旅游购买中心决策行为机制模型，系统解析奖励旅游购买中心的决策行为，该模型是基于 SCP（结构 - 行为 - 绩效）理论框架下对奖励旅游购买行为的阐释。与此同时，本研究还通过实证研究探讨了购买过程中变量的相互作用关系，增强了对奖励旅游购买中心决策行为的认识，这在一定程度上丰富了 SCP 理论。

第二，组织购买行为理论适用于有形产品，较少解释服务产品，特别是奖励旅游这种具有一定特殊性质的产品，因此奖励旅游购买中心决策行为是对组织购买行为理论的补充。

第三，团队社会网络研究较多地研究了高管团队、研发团队或者是创业团队，这一类型的团队是固定性团队，购买中心作为一种临时性团队，团队内部的沟通互动形式较少涉及。本研究对奖励旅游购买中心团队内部互动形式的研究，在一定程度上是对团队社会网络研究的补充。

第四节　局限和展望

尽管本研究在一定程度上了解了奖励旅游购买中心决策行为机制，并通过实证研究验证了过程中不同变量之间的关系，但是，本研究还是存在着一定的局限。首先，不管是质性研究还是定量研究中的样本，都是便利抽样，这个只能在一定程度上说明这些企业存在这样的现象，并不能推广到所有企业；其次，从样本数量和样本范围来看，本次研究从地域范围和城市经济水平上来说，仍不具有普遍

性和代表性，给数据结果的分析带来了一定的不确定的影响。在样本量上，由于时间和精力有限，有效样本只有30家企业和121份有效问卷，还有待进一步充实，以使研究的准确性得到提高。最后，本研究在数据收集上以横向数据为主，没有考虑纵向数据的收集，因此，对于变量之间的关系的结论还不能做出完全肯定的结论。

因此，未来的研究方向可以进一步扩大样本的调研，包括样本的数量和样本所在地域或是样本的其他特征，来进一步验证奖励旅游购买中心决策行为机制模型及其变量的特征和彼此的关系。除此之外，本研究在质性研究阶段发现了企业文化和特殊事件对奖励旅游购买中心社会网络的影响，但是在定量研究中，并没有去检验文化因素和事件系统对奖励旅游购买中心社会网络的影响，后续的研究可以进一步做相关的检验。

参考文献

Adler，P. S.，Kwon，S.-W. Social capital： Prospects for a new concept[J]. Academy of Management Review[J]，2002，27（1）：17—40.

Amason，A. C. Distinguishing the effects of functional and dysfunctional conflict on strategic decision making： Resolving a paradox for top management teams[J]. Academy of Management Journal，1996，39（1）：123—148.

Anderson，P. F. A reward/measurement model of organizational buying behavior[J]. Journal of Marketing，1995，49（2）：7—23.

Bachkirov，A. A. Towards a better understanding of organizational buying behavior across cultures： empirical evidence from the Arabian Gulf[J]. Journal of Business & Industrial Marketing，2019，34（7）：1521—1532.

Balkundi，P.，Harrison，D. A. Ties，leaders，and time in teams： Strong inference about network structure ' s effects on team viability and performance[J]. Academy of Management journal，2006，49（1）：49—68.

Balkundi，P.，Kilduff，M.，Barsness，Z. I.，Michael，J. H. Demographic antecedents and performance consequences of structural holes in work teams[J]. J. Organiz. Behav，2007，28（2）：241—260.

Barrick，M. R.，Stewart，G. L.，Neubert，M. J.，Mount，M. K. Relating member ability and personality to work-team processes and team effectiveness[J]. Journal of applied psychology，1998，83（3）：377.

Bellizzi，J. A. Organizational size and buying influences[J]. Industrial Marketing Management，1981，10（1）：17—21.

Bonoma，T. V. Major Sales： Who really Does the Buying ？ [J]. Harvard Busniess Review，1982，60（3）：111—119.

Bonoma，T. V.，Zaltman，G. Organisational buying behavior[M].Ghicago： American Marketing Association，1987.

Borgatti，S.，Everett，M. Models of core-periphery structures[J]. Social Networks, 1999, 21: 375-395.

Brinkmann, J., Voeth, M. An analysis of buying center decisions through the salesforce[J]. Industrial marketing management, 2007, 36（7）: 998—1009.

Bristor, J. M. Influence strategies in organizational buying: the importance of connections to the right people in the right places[J]. Journal of Business-to-Business Marketing, 1993, 1（1）: 63—98.

Brown, B. P., Zablah, A. R., Bellenger, D. N., Donthu, N. What factors influence buying center brand sensitivity？ [J].Industrial Marketing Management, 2012, 41（3）: 508—520.

Buckles, T. A., Ronchetto, J. R. Examining an industrial buyer' s purchasing linkages: a network model and analysis of organizational buying workflow[J]. The Journal of Business & Industrial Marketing, 1996, 11（6）: 74—92.

Carboni, I., Ehrlich, K. The effect of relational and team characteristics on individual performance: A social network perspective[J]. Human Resource Management, 2013, 52（4）: 511—535.

Carmeli, A., Schaubroeck, J. Top management team behavioral integration, decision quality, and organizational decline[J]. The Leadership Quarterly, 2006, 17（5）: 441—453.

Chase, K. S. An exploration of organizational buying behavior in the public sector[M].2018.

Chung, Y., Jackson, S. E. The internal and external networks of knowledge-intensive teams: The role of task routineness[J]. Journal of Management, 2013, 39（2）: 442—468.

Cohen, S. G. New approaches to teams and teamwork. Organizing for the Future[J], 1993: 194—226.

Cohen, S. G., Bailey, D. E. What makes teams work: Group effectiveness research from the shop floor to the executive suite[J]. Journal of management, 1997, 23（3）: 239—290.

Crow, L. E., Lindquist, J. D. Impact of organizational and buyer characteristics on the buying center[J]. Industrial Marketing Management, 1985, 14（1）: 49—58.

Cummings, J. N., Cross, R. Structural properties of work groups and their consequences for performance[J]. Social Networks, 2003, 25（3）: 197—210.

Dooley, R. S., Fryxell, G. E. Attaining Decision Quality and Commitment from Dissent: The Moderating Effects of Loyalty and Competence in Strategic Decision-Making Teams[J]. Academy of Management Journal, 1999, 42（4）: 389—402.

Dowling, G. R. Searching for a new advertising agency: a client perspective[J]. International Journal of Advertising, 1994, 13（3）: 229—242.

Doyle, P. Marketing in the new millennium[J]. European Journal of Marketing, 1995, 29（3）: 22—42.

Eun Park, J., Bunn, M. D. Organizational memory: a new perspective on the organizational buying process[J]. Journal of Business & Industrial Marketing, 2003, 18（3）: 237—257.

Fenich, G. G., Vitiello, K. L., Lancaster, M. F., Hashimoto, K. Incentive Travel: A View from the Top[J] Journal of Convention & Event Tourism, 2015, 16（2）: 145—158.

Ghingold, M., Wilson, D. T. Buying center research and business marketing practice: meeting the challenge of dynamic marketing[M]. Journal of Business & Industrial Marketing, 1998.

Ghosh, M., Dutta, S., Stremersch, S. Customizing complex products: when should the vendor take control？[J].Journal of Marketing Research, 2006, 43（4）: 664.

Grewal, R., Lilien, G., Bharadwaj, S., Jindal, P., Kayande, U., Lusch, R., Sridhar, S. Business-to-Business Buying: Challenges and Opportunities[J]. Cust. Need. and Solut., 2015, 2（3）: 193—208.

Grønhaug, K. Exploring environmental influences in organizational buying[J]. Journal of Marketing Research, 1976, 13（3）: 225—229.

Grund, T. U. Network structure and team performance: The case of English Premier League soccer teams[J]. Social Networks, 2012, 34（4）: 682—690.

Hakansson, H., Snehota, I. J. The IMP Perspective: Assets and Liabilities of Business Relationships[M]. Handbook of Relationship Marketing, 2000: 69—94.

Hambrick, D. C. Top Management Groups: A Conceptual Integration and Reconsideration of the "team" Label[J]. Research in Organizational Behavior,

1994，16（3）：171—214.

Hampton，A.The UK Incentive Travel Market：A User's View[J]. European Journal of Marketing，1987，21（9）：10—20.

Harland，C.，Brenchley，R.，Walker，H. Risk in supply networks[J]. Journal of Purchasing & Supply Management，2003，9（2）：51—62.

Hastings，B.，Kiely，J.，Watkins，T. Sales Force Motivation Using Travel Incentives：Some Empirical Evidence[J]. Journal of Personal Selling & Sales Management，1988，8（2）：43—51.

Henttonen，K. Exploring social networks on the team level—A review of the empirical literature[J]. Journal of Engineering and Technology Management，2010，27（1—2）：74—109.

Hill，R. W.，Hillier，T. J. Organizational Buying Behavior[M]. London：Macmillan，1977.

Homburg，C.，Kuester，S. Towards an improved understanding of industrial buying behavior：Determinants of the number of suppliers[J]. Journal of Business-to-Business Marketing，2001，8（2）：5—33.

Hunter，G. K.，Bunn，M. D.，Perreault Jr.，W. D. Interrelationships among key aspects of the organizational procurement process[J]. International Journal of Research in Marketing，2006，23（2）：155—170.

Herbst，U.，Barisch，S.，Voeth，M. International Buying Center Analysis – The Status Quo of Research[J]. Journal of Business Market Management，2008，2（3）：123—140.

Ibarra，H. Personal networks of women and minorities in management：A conceptual framework[J]. Academy of Management Review，1993，18（1）：56—87.

Jackson Jr，D. W.，Keith，J. E.，Burdick，R. K. Purchasing agents' perceptions of industrial buying center influence：A situational approach[J]. Journal of Marketing，1984，48（4）：75—83.

Janssen，O.，Van De Vliert，E.，Veenstra，C. How Task and Person Conflict Shape the Role of Positive Interdependence in Management Teams[J]. Journal of Management，1999，25（2）：117—141.

Järvi，P.，Munnukka，J. The dynamics and characteristics of buying centre networks[J]. Marketing Intelligence & Planning，2009，27（3）：439—457.

Järvi, P., Munnukka, J. The dynamics and characteristics of buying centre networks: A qualitative study on Finnish firms[J]. Marketing Intelligence & Planning, 2009, 27 (3): 439—457.

Jia, L., Shaw, J. D., Tsui, A. S., Park, T.-Y. A social–structural perspective on employee–organization relationships and team creativity[J]. Academy of Management Journal, 2014, 57 (3): 869—891.

Johnston, W. J., Bonoma, T. V. The buying center: structure and interaction patterns[J]. Journal of Marketing, 1981, 45 (3): 143—156.

Johnston, W. J., Lewin, J. E. Organizational buying behavior: Toward an integrative framework[J]. Journal of Business Research, 1996, 35 (1): 1—15.

Kauffman, R. G., Leszczyc, P. T. L. P. An optimization approach to business buyer choice sets: How many suppliers should be included? [J].Industrial Marketing Management, 2005, 34 (1): 3—12.

Krackhard, D., Hanson, J. R. Informal networks and organizational crises: an experimental simulation[J]. Social Psychology Quaterly, 1993, 51: 123—140.

Lau, G.-T., Goh, M., Phua, S. L. Purchase-Related Factors and Buying Center Structure: An Empirical Assessment[J]. Industrial Marketing Management, 1999, 28 (6): 573—587.

Ledford Jr., G. E., Lawler Iii, E. E., Mohrman, S. A. The quality circle and its variations. JP Campbell, RJ Campbell, eds. Productivity in Organizations: New Perspectives from Industrial and Organizational Psychology[M]. San Francisco: Jossey-Bass, 1988.

Leenders, R. T. A. J., van Engelen, J. M. L., Kratzer, J. Virtuality, communication, and new product team creativity: a social network perspective[J]. Journal of Engineering and Technology Management, 2003, 20 (1): 69—92.

Lewis, R. C. The Incentive-Travel Market: How to Reap Your Share[J]. Cornell Hotel and Restaurant Administration Quarterly, 1983, 24 (1): 19—27.

Li, X., Lu, L., Chi, C. G. Q. Examining incentive travelers: How motivation affects organizational commitment[J]. International Journal of Tourism Research, 2018, 20 (6): 830—842.

Lilien, G. L., Wong, M. A. An exploratory investigation of the structure of the buying center in the metalworking industry[J]. Journal of Marketing Research,

1984, 21（1）: 1—11.

Lin, Z., Yang, H., Arya, B., Huang, Z., Li, D. Structural Versus Individual Perspectives on the Dynamics of Group Performance: Theoretical Exploration and Empirical Investigation[J]. Journal of Management, 2005, 31（3）: 354—380.

Loginova, O.Organizational buying behaviour in business tourism market. 2011.

Lynn, S. A. Identifying buying influences for a professional service: implications for marketing efforts[J]. Industrial Marketing Management, 1987, 16（2）: 119—130.

Mair, J. Incentive travel: A theoretical perspective[J]. Event Management, 2015, 19（4）: 543—552.

Mankin, D., Cohen, S. G., Bikson, T. K. Teams and technology: Fulfilling the promise of the new organization[M].Boston: Harvard Business School Press, 1996.

Marks, M. A., Mathieu, J. E., Zaccaro, S. J. A temporally based framework and taxonomy of team processes[J]. Academy of Management Review, 2001, 26（3）: 356—376.

McCabe, D. L. Buying group structure: constriction at the top[J]. Journal of Marketing, 1987, 51（4）: 89—98.

McGrath, J. E. Groups: Interaction and Performance[M].New Yersey: Prentice-Hall Englewood Cliffs, 1984.

McQuiston, D. H. Novelty, complexity, and importance as causal determinants of industrial buyer behavior[J]. Journal of Marketing, 1989, 53（2）: 66—79.

McWilliams, R. D., Naumann, E., Scott, S. Determining buying center size[J]. Industrial Marketing Management, 1992, 21（1）: 43—49.

Michalisin, M. D., Karau, S. J., Tangpong, C. Top management team cohesion and superior industry returns: An empirical study of the resource-based view[J]. Group & Organization Management, 2004, 29（1）: 125—140.

Mohrman, S. A., Cohen, S. G., Morhman Jr., A. M. Designing team-based organizations: New forms for Knowledge Work[M].New York: Jossey-Bass, 1995.

Monge, P. Handbook of organizational communication: An interdisciplinary perspective, 1987.

Mooney, A. C. The antecedents to conflict during strategic decision making:

The importance of behavioral integration[M].Athens: University of Georgia, 2000.

Moriarty Jr., R. T., Spekman, R. E.An empirical investigation of the information sources used during the industrial buying process[J]. Journal of Marketing Research, 1984, 21（2）: 137—147.

Morris, M. H.The impact of organizational reward and measurement systems on coalition formation in the buying center. 1983.

Mote, J. E. R&D ecology: using 2—mode network analysis to explore complexity in R&D environments[J]. Journal of Engineering and Technology Management, 2005, 22（1）: 93—111.

Nembhard, I. M., Edmondson, A. C. Making it safe: The effects of leader inclusiveness and professional status on psychological safety and improvement efforts in health care teams[J]. Journal of Organizational Behavior: The International Journal of Industrial, Occupational and Organizational Psychology and Behavior, 2006, 27（7）: 941—966.

Osmonbekov, T., Johnston, W. J. Adoption of the internet of things technologies in business procurement: impact on organizational buying behavior[J]. Journal of Business & Industrial Marketing, 2018, 33（6）: 781—791.

Pandit, N. R. The creation of theory: A recent application of the grounded theory method[J]. Qualitative Report, 1996, （2）: 1—15.

Parise, S., Rollag, K. Emergent network structure and initial group performance: The moderating role of pre - existing relationships[J]. Journal of Organizational Behavior, 2010, 31（6）: 877—897.

Peter, J. P. Construct validity: A review of basic issues and marketing practices[J]. Journal of Marketing Research, 1981, 18（2）: 133—145.

Provan, K. G., Fish, A., Sydow, J. Interorganizational networks at the network level: A review of the empirical literature on whole networks[J]. Journal of Management, 2007, 33（3）: 479—516.

Puto, C. P., Patton Iii, W. E., King, R. H.2007 Risk handling strategies in industrial vendor selection decisions[J]. Journal of Marketing, 1985, 49（1）: 89—98.

Qualls, W. J., Puto, C. P. Organizational Climate and Decision Framing An Integrated Approach to Analyzing Industrial Buying Decisions[J]. Journal of Marketing

Research, 1989, 26 (2): 179—192.

Rajala, A., Tidström, A. A multilevel perspective on organizational buying behavior in coopetition–an exploratory case study[J]. Journal of Purchasing and Supply Management, 2017, 23 (3): 202—210.

Ricci, P. R., Holland, S. M. Incentive travel: Recreation as a motivational medium[J]. Tourism Management, 1992, 13 (3): 288—296.

Richter, N. F., Schlaegel, C., Midgley, D. F., Tressin, T. Organizational structure characteristics ' influences on international purchasing performance in different purchasing locations[J]. Journal of purchasing and supply management, 2019, 25 (4): 100—123.

Roberson, Q. M., Williamson, I. O. Justice in self-managing teams: The role of social networks in the emergence of procedural justice Climates[J]. Academy of Management Journal, 2012, 55 (3): 685—701.

Robey, D., Farrow, D. L., Franz, C. R. Group process and conflict in system development[J]. Management Science, 1989, 35 (10): 1172—1191.

Robinson, P. J., Faris, C. W., Wind, Y. Industrial buying and creative marketing[M].Bosston: Allyn and Bacon, 1967.

Rogers, T. Conferences and conventions 3rd edition: A global industry[M]London: Routledge, 2013.

Ronchetto Jr., J. R., Hutt, M. D., Reingen, P. H. Embedded influence patterns in organizational buying systems[J]. Journal of Marketing, 1989, 53 (4): 51—62.

Schönberner, J., Woratschek, H., Buser, M. Understanding sport sponsorship decision-making – an exploration of the roles and power bases in the sponsors ' buying center[J]. European sport management quarterly, 2020: 1—20.

Sheldon, P. J. Incentive travel: insights into its consumers[J]. Journal of Travel & Tourism Marketing, 1994, 3 (2): 19—33.

Sheldon, P. J. The Demand for Incentive Travel: An Empirical Study[J]. Journal of Travel Research, 1995, 33 (4): 23—28.

Sheth, J. N. A model of industrial buyer behavior. Journal of Marketing, 1973.37 (4).

Shinew, K. J., Backman, S. J. Incentive travel: an attractive option[J]. Tourism Management, 1995, 16（4）: 285—293.

Simsek, Z., Veiga, J. F., Lubatkin, M. H., Dino, R. N. Modeling the multilevel determinants of top management team behavioral integration[J]. Academy of Management journal, 2005, 48（1）: 69—84.

Sparrowe, R. T., Liden, R. C., Wayne, S. J., Kraimer, M. L. Social networks and the performance of individuals and groups[J]. Academy of Management journal, 2001, 44（2）: 316—325.

Spekman, R. E., Stern, L. W. Environmental uncertainty and buying group structure: an empirical investigation[J]. Journal of Marketing, 1979, 43（2）: 54—64.

Steward, M. D., Narus, J. A., Roehm, M. L., Ritz, W. From transactions to journeys and beyond: The evolution of B2B buying process modeling[J]. Industrial Marketing Management, 2019, 83: 288—300.

Stewart, G. L., Barrick, M. R. Team structure and performance: Assessing the mediating role of intrateam process and the moderating role of task type[J]. Academy of Management Journal, 2000, 43（2）:135—148.

Strauss, A., Corbin, J. Basics of Qualitative Research: Grounded Theory Procedures and Technique[M]. Canada: Sage Publications, 1998.

Thamhain, H. J. Managing innovative R&D teams[J]. R&d Management, 2003, 33（3）: 297—311.

Torenvlied, R., Velner, G. Informal networks and resistance to organizational change: The introduction of quality standards in a transport company[J]. Computational & Mathematical Organization Theory, 1998, 4（2）: 165—188.

Van der Valk, W., Rozemeijer, F. Buying business services: towards a structured service purchasing process[J]. Journal of Services Marketing, 2009.

Van Dyke, M. 2016 trends in incentive travel, rewards, and recognition. Retrieved March 11, 2017, from http: //theirf.org/research/irf2016 - trends - in - incentive - travel - rewards - and - recognition/1692/##2 Trend. 2016.

Venkataramani, V., Zhou, L., Wang, M., Liao, H., Shi, J. Social networks and employee voice: The influence of team members' and team leaders 'social network positions on employee voice[J]. Organizational Behavior and Human Decision Processes, 2016, （132）: 37—48.

Verville，J.，Halingten，A. A six-stage model of the buying process for ERP software[J]. Industrial Marketing Management，2003，32（7）：585—594.

Wasserman，S.，Faust，K. Social network analysis[J].Methods and applications，1994.

Webster，F. E.，Wind，Y. A General Model for Understanding Organizational Buying Behavior[J]. Journal of Marketing，1972，36（2）：12—19.

Wilson，D. 组织营销 [M]. 北京：机械工业出版社，2002.

Wind，Robertson，T. S. The linking pin role in organisational buying centers[M]. Journal of business research，1982，10（2）：169—184.

Wind，Robertson，T. S. The linking pin role in organisational buying centers[J]. Journal of business research，1982，10（2）：169—184.

Wind，Y. P.，Thomas，R. J. Conceptual and Methodological Issues in Organisational Buying Behaviour[J]. European Journal of Marketing，1980，14（5/6）：239—263.

Xiang，Z.，Formica，S. Mapping environmental change in tourism：A study of the incentive travel industry[J]. Tourism Management，2007，28（5）：1193—1202.

Yang，J.，Alejandro，T. G. B.，Boles，J. S. The role of social capital and knowledge transfer in selling center performance[J]. Journal of Business & Industrial Marketing，2011.

巴尼 G 格拉泽. 扎根理论：研究概论自然呈现与生硬促成 [M]. 费小冬, 译. 美国：社会学出版社，2009.

蔡梅良，张玲霞. 奖励旅游市场需求行为分异及发展策略研究 [J]. 湖南商学院学报，2012，19（4）：71—77.

曹仰锋. 高层管理团队领导行为对团队绩效的影响机制：案例研究 [J]. 管理学报，2011，8（4）：504.

陈公海. 企业研发团队非正式网络的结构特征对产品创新绩效影响的研究 [D]. 北京：中国人民大学，2008.

丁楠. 高管团队社会网络、运作过程与绩效间关系研究——基于中国一拖的实证分析 [D]. 镇江：江苏大学，2010.

董海真. 基于创业团队的社会网络对创业机会识别的影响研究 [D]. 长春：吉林财经大学，2016.

董媛.奖励旅游产品实施效应研究——以重庆奖励旅游市场为例[J].旅游学刊，2006（05）：33—36.

高静.国内外奖励旅游发展比较研究[D].上海：上海师范大学，2004.

耿松涛，张凤鸣.海口会奖旅游目的地品牌化建设路径选择研究[J].企业经济，2015，34（10）：141—147.

郭鲁芳，何玲.旅游目的地发展奖励旅游探讨——以浙江淳安千岛湖为例[J].江苏商论，2007（01）：75—77.

郭然，刘兵，李媛.企业高层管理团队决策行为对决策效果的影响[J].企业经济，2013，32（9）：19—23.

郭宇，邹亮.大型企业员工奖励旅游需求偏好研究[J].合作经济与科技，2016（18）：89—91.

何芳蓉.新产品开发团队之社会资本、知识分享与绩效的实证研究[D].高雄：高雄第一科技大学，2003.

胡秋明.团队网络结构、团队过程与团队创造力的关系研究[M].杭州：浙江工商大学出版社，2012.

郎淳刚，席西民.信任对管理团队决策过程和结果影响实证研究[J].科学学与科学技术管理，2007，28（8）：170—174.

雷赖特.组织间营销[M].北京：中国人民大学出版社，2006.

李海芹，张辉，张承龙.网络公益社会认同影响因素及产生机制研究[J].管理评论，2019，31（01）：268—278.

李天元.会奖旅游与创新营销[J].旅游导刊，2017，1（01）：42—50、122.

李文博，林云，张永胜.集群情景下企业知识网络演化的关键影响因素——基于扎根理论的一项探索性研究[J].研究与发展管理，2011，23（6）：17—24.

李晓莉.中国奖励旅游经营的特征、问题与思考——基于旅行社的访谈分析[J].旅游学刊，2011，26（11）：46—51.

李晓莉，保继刚.期望、感知与效果：来自奖励旅游者的实证调查[J].旅游学刊，2015，30（10）：60—69.

李晓莉，刘松萍.需求视角下奖励旅游组织市场的实证分析[J].旅游学刊，2013，28（01）：107—113.

李永强，朱坤昌，白璇.社会网络对工作绩效影响的研究综述[J].经济学动态，2009（12）：82—84.

廖以臣，甘碧群.体验消费的购买决策过程及其影响因素研究[M].武汉：武汉大学出版社，2010.

林绚晖，卞冉，朱睿，等.团队人格组成、团队过程对团队有效性的作用 [J].心理学报，2008，40（4）：437—447.

林亿明.团队导向的人力资源管理实务对团队知识分享与创新之影响——社会资本的中介效果 [D].台北：东吴大学，2002.

卢宏亮，李桂华.购买中心与采购绩效关系：组织氛围与跨部门知识转移 [J].贵州财经大学学报，2013（02）：47—54.

卢宏亮，李桂华.购买中心网络特征与 B2B 品牌敏感度关系研究——基于信息处理理论视角 [J].当代财经，2016（08）：77—87.

罗家德.社会网分析讲义 [M].3 版.北京：社会科学文献出版社·群学出版分社，2020.

罗松涛.会展管理实务 [M].北京：对外经济贸易大学出版社，2007.

罗涛.关于三亚市"奖励旅游"的现状以及发展对策研究 [J].中国商贸，2011（02）：151—152.

吕莉.我国奖励旅游发展探讨 [J].商讯商业经济文荟，2005（05）：18、23—24.

马可一.民营企业高管团队信任模式演变与绩效机制研究 [D].杭州：浙江大学，2005.

迈克尔 D 赫特，托马斯 W 斯藩.组织间营销管理：从战略视角观察工业组织间市场 [M].8 版.朱凌，梁玮，曹毅然译校.北京：中国人民大学出版社，2006.

彭伟，金丹丹，朱晴雯.团队社会网络研究述评与展望 [J].中国人力资源开发，2017（3）：57—68.

孙海法，刘海山，姚振华.党政，国企与民企高管团队组成和运作过程比较 [J].中山大学学报：社会科学版，2008，48（1）：169—178.

孙中伟，王杨，耿香会.奖励旅游的特征、组织运作及发展环境培育模式研究 [J].石家庄学院学报，2005（03）：54—59.

王春才.北京市会奖旅游发展的制约因素及其破解路径 [J].城市问题，2015（06）：41—45.

王国钦，郭英之，闵辰华，黄闵穗.公司团体套装旅游的影响因素研究——以中国台湾为例 [J].旅游学刊，2007（01）：35—41.

王海霞.团队互动过程对团队效能的影响研究 [D].天津：天津财经大学，

2008.

王永贵，姚山季，司方来.组织顾客创新、供应商反应性与项目绩效的关系研究：基于组织服务市场的实证分析 [J].南开管理评论，2011，2（14）：4—13.

吴明隆.问卷统计分析实务：SPSS 操作与应用 [M].重庆：重庆大学出版社，2010.

伍琴琴，刘连银.进入新世纪以来新加坡旅游业发展战略研究 [J].东南亚纵横，2009（07）：16—20.

项凯标，周建波，程贞敏.团队过程、共享心智模式与组织绩效：机理与路径 [J].河北经贸大学学报，2013，34（06）：110—116、131.

肖久灵.企业高层管理团队的组成特征对团队效能影响的实证研究 [J].财贸研究，2006（2）：112—117.

许多.创业团队异质性、社会网络对机会识别的影响研究 [D].杭州：浙江理工大学，2019.

杨卫忠，葛玉辉.TMT 认知异质性、自反性对决策绩效的影响——基于中国企业的实证研究 [J].预测，2012，31（02）：23—30.

姚振华，孙海法.高管团队行为整合的构念和测量：基于行为的视角 [J].商业经济与管理，2009（12）：28—36.

袁晓婷.企业 R&D 团队内部社会网络与团队知识创造关系研究 [D].广州：华南理工大学，2010.

臧祺超，曹洲涛，陈春花.团队社会网络的研究热点与前沿的可视化分析 [J].科学学与科学技术管理，2020，41（05）：54.

张虎，田茂峰.信度分析在调查问卷设计中的应用 [J].统计与决策，2007（21）：25—27.

张平.国外高层管理团队研究综述.科技进步与对策 [J]，2006，23（7），197—200.

张文敏.企业管理新工具：奖励旅游 [J].特区经济，2005（08）：197—198.

张文敏.顾客参与的前因变量与结果效应 [D].广州：华南理工大学，2012.

张文敏，沙振权.基于"共同创造"的旅行社转型研究——以奖励旅游为例 [J].旅游学刊，2011，26（11）：52—57.

张小晖.创新团队知识学习机理研究 [J].科学学研究，2012，30（6）：936—942.

赵艳丰.打破我国奖励旅游发展的瓶颈（下）[J].中国会展（中国会议），

2020（08）：44—47.

赵杨，时勘，王林.基于扎根理论的微博集群行为类型研究[J].情报科学，2015，33（04）：29—34.

郑小勇，楼鞅.科研团队创新绩效的影响因素及其作用机理研究[J].科学学研究，2009（9）：1428—1438.

周海燕.虚拟团队的团队过程研究[J].科技管理研究，2007，27（4）：211—213.

周建林.创业团队认知能力与创业决策关系研究[D].大连：大连理工大学，2017.

佐明，付业勤.三亚奖励旅游发展与对策研究[J].中国商贸，2010（01）：71.

附　录

附录 1　访谈提纲

奖励旅游购买中心访谈提纲：

1. 贵公司奖励旅游的对象是哪些群体？

2. 贵公司使用奖励旅游的目的是什么？

3. 贵公司是如何组织奖励旅游？

4. 哪些因素会影响贵公司奖励旅游的组织？

5. 奖励旅游给贵公司员工和企业带来哪些效果？

附录 2　奖励旅游调查问卷

奖励旅游调查问卷

尊敬的受访者：

您好！本问卷是香港理工大学在读博士的毕业论文调研。回答问卷大约需要
10 分钟。所获数据仅供学术用途，仅进行团队性分析，不会对个别问卷加以处理，
且采用匿名制，请您放心作答。我们承诺对您的填写和资料给予保密。非常感谢
您的热心支持！

奖励旅游：为奖励优秀员工或作为员工福利而组织的公费旅游。

购买中心：由企业中所有参与奖励旅游购买决策的成员组成的团队，如某次
奖励旅游购买中心可能是由总经理、行政主管、财务总监或部门主管等人员所构
成的团队。

问题组一

请根据企业的实际情况，在相应的数字上打"P"

1.贵企业的成立时间：

（1）3年以下（2）3—5年（3）6—10年（4）11—15年（5）15年以上

2.贵企业的性质：

（1）国有企业（2）民营企业（3）外资企业（4）中外合资（5）其他

3.贵企业的规模（人数）：

（1）100人以下（2）100—299人（3）300—499（4）500—999人（5）1000人以上

4.组织奖励旅游当年的盈利情况为：

（1）亏损（2）保本（3）盈利（4）盈利大幅增长

5.贵企业主营业务的行业为：

（1）第一产业（农林牧渔）（2）第二产业（工业制造业）（3）第三产业（服务业）

6.贵企业员工的平均年龄是：

（1）25岁以下（2）26—35岁（3）36—45岁（4）45岁以上

7.贵企业员工男女比例是：

（1）男性居多（2）男女均等（3）女性居多

8.贵企业组织奖励旅游的频率：

（1）每年1次及以下（2）每年2次及以上（3）不好说

9.请您列出奖励旅游购买中心成员的名单：

编号	A	B	C	D	E
姓名					
编号	F	G	H	I	J
姓名					

问题组二

1.针对下列问题，请您就实际的情况在方框中打"P"（请不要在自己名字的一列打钩）

题目\团队成员	A	B	C	D	E	F	G	H	I	J
1.遇到购买问题时，您会主动与谁沟通？										
2.遇到购买问题时，谁会主动与您沟通？										

问题组三

1.关于购买中心这个团队，请您仔细阅读下面的句子，并勾选您的同意程度。

	极为反对	不同意	一般	同意	很赞成
团队成员很忙时，其他团队成员经常自愿提供帮助	1	2	3	4	5
团队成员可以灵活地转换职责，以使彼此之间的工作更轻松	1	2	3	4	5
团队成员愿意互相帮助并顺利完成任务	1	2	3	4	5
成员之间分享观点意见	1	2	3	4	5
成员之间分享决策之间的信息	1	2	3	4	5
成员之间分享和交流的次数多	1	2	3	4	5
团队成员的行为影响到其他成员的工作时，他们会互相告知	1	2	3	4	5
团队成员清楚地了解其他团队成员的共同问题和需求	1	2	3	4	5
团队成员通常会讨论他们对彼此的期望	1	2	3	4	5

2.关于购买中心所形成的决策，请您仔细阅读下面的句子，并勾选您的同意程度。

	极为反对	不同意	一般	同意	很赞成
购买决策是根据现有的最佳方案做出的	1	2	3	4	5
购买决策实现了既定的目标	1	2	3	4	5
购买决策考虑到了目前企业的经济状况	1	2	3	4	5
购买决策符合企业目前的战略	1	2	3	4	5
购买决策有助于提高企业绩效	1	2	3	4	5
购买决策很满意最终令您很满意	1	2	3	4	5
购买决策得到了有效执行	1	2	3	4	5
购买决策让奖励旅游参加者很满意	1	2	3	4	5

问卷到此结束，再次感谢您的合作与协助！

后 记

行文至此，并非终章，而是一个全新的开始。在不惑之年，选择攻读博士学位，心中充满了挑战与不安，但也满怀信心。回顾这段旅程，内心经历了新奇、兴奋、紧张，到疲惫、失落、不安，再到鼓舞、感动、奋发，直至此时书写专著的平静。幸运的是，在四年前做出的这个决定让我坚定信念，明确方向，在追求学术进步的路上前行。

这个世界有着无数伟大的人，我深感幸运，因为我拥有你们。

在此，我要以最诚挚的心情感谢我的导师团队。Alice 老师，她的悉心指导让我顺利完成了这部专著，她的一丝不苟、严谨治学的态度是我学术道路上的楷模。咪咪老师，她的学识渊博、追求卓越、美丽睿智……任何美好的词汇都无法充分描述她的卓越之处，她在开题时提供的宝贵建议使得专著呈现今日的模样。何老师，杰出的学识深度和无私的关爱，是我决定攻读博士学位的启蒙人。同时，我衷心感谢博士期间教导我的其他老师们，包括肖曲老师、林珊珊老师、应天煜老师、周玲强老师、徐惠群老师……你们广博的学识、深厚的学术素养、高尚的师德给予了我深刻的印象，使我受益匪浅。

非常感谢我的家人，你们的无私爱意值得我用一生去回报。我的爱人黄俊毅，感谢你的支持和包容，是你的帮助和鼓励让我能够完成这部专著，愿与你携手共度未来。我的孩子们，你们让我成为母亲，是你们的陪伴给予了我前进的力量，与你们共同成长是我最大的幸福。父母、公婆，你们是我坚实的后盾。最后，虽然外公已经在天上，但他对我的深厚疼爱永远铭记于心。

感谢我的同窗和好友们，愿时光静好。特别感谢 2018 级 DHTM 的同学们，四年前的课堂内外交流让我受益匪浅，完成专著的冲刺阶段，小组里的相互激励和支持让我不敢停歇，一直向前。对于在企业访谈和数据收集中给予大力协助的闺蜜们，以及在填写问卷上提供帮助的好友们，我要深深地表示感谢，你们给予了我生活的色彩。

专著的创作始于新冠疫情的第一年，结束于新冠疫情的第三年，衷心希望世界可以早日恢复到原来的模样。

最后，四十而不惑，愿自己前程似锦。

编者

2022.5.15